公益財団法人合気会
合気道本部道場

連載 最終回

合気道ゆかりの地をめぐる

東都、そして合気道の歩み

【東京都】

現在の合気道本部道場外観

旧（財）合気会合気道本部道場

合気道ゆかりの地をめぐる

東都、そして合気道への歩み

【東京都】

梅田潔邸のあった愛住町暗闇坂付近

竹下勇海軍大将からの招請

今回は、開祖が「合気道の夜明け」ともいうべき時代を過ごされた思い出の地・東京の各地を古地図片手に訪ねることにいたしました。

そもそも開祖が上京されたきっかけは、「日本武道の真髄を正しく体現しうる武道家」を探し求めておられた竹下勇海軍大将が、浅野正恭海軍中将から「綾部に植芝盛平あり」と聞き、早速、綾部に出向き開祖と相まみえるや、その卓抜した気・心・体ぶりに心服します。

東京に戻った竹下大将は、同じ薩摩藩出身の元総理、山本権兵衛伯爵に相談すると、「東京で演武を見せてもらいたい、話どおりの人物ならば、しかるべきところへ推挙しよう」という話がまとまったようです。

大正14（1925）年秋、竹下海軍大将の招請を受けた開祖は、単身上京。まず芝高輪の竹下邸で、山本伯爵や旧薩摩藩主島津公爵、西園寺八郎氏らの前で演武を行い、列席者全員を驚嘆させます。

見る人すべてを魅了した開祖

ことに山本伯爵は、翌日、開祖の宿舎を訪ねられ、「維新以来、これほど見事な武術に接したことはなかった」と激賞。ぜひ青山御所で宮中の侍従や武官たちへの指南を即座に要請されたほどでした。

開祖は山本伯の誠意に応えるべく、誠心誠意、21日にわたっての講習会を行います。

ところが、思いもかけず内務省からクレームが入り、竹下大将や山本伯爵に迷惑が及ぶことを危惧した開祖は、複雑な思いを胸に、早々に綾部に戻ることにしました。

ところが、綾部に戻ったものの、再び竹下大将をはじめ多くの方々から、矢継ぎ早に再上京を懇願する便りが届けられます。

ついには、四谷愛住町暗闇坂の実業家、梅田潔氏（元南満州鉄道理事）より自邸の一部を道場として提供したいとの申し出まであったと聞くにいたり、開祖は竹下大将への恩義もあり、再度上京を決意します。

【右】開祖（昭和10年ごろ皇武館にて）
【上】青山御所 ©毎日新聞社

森村市左衛門邸跡地に立つマンション前にて

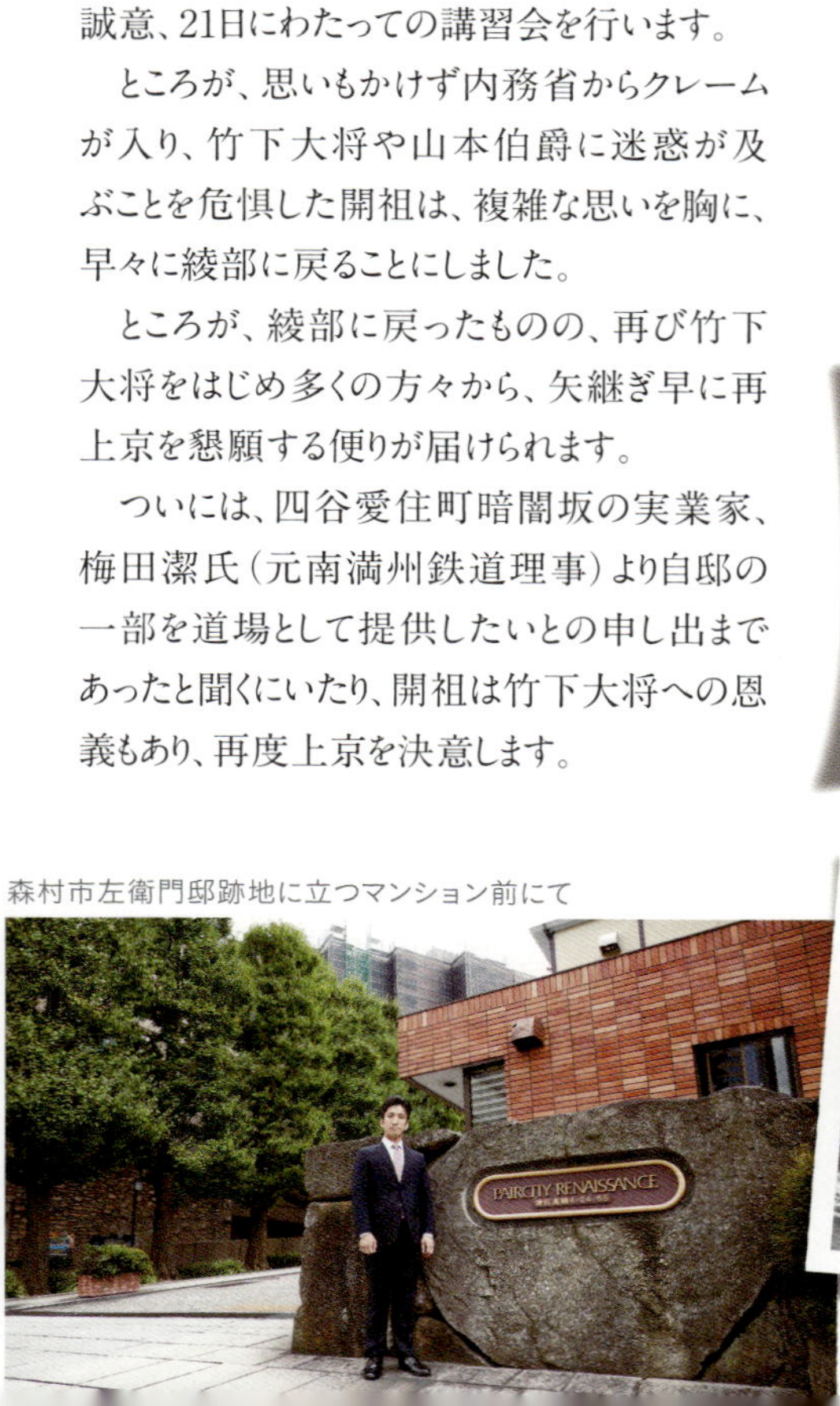

島津公爵別邸でくつろぐ竹下勇海軍大将。女学生中央は竹下大将令嬢、右隣は山本権兵衛伯令孫の満喜子さん（昭和2年ごろ）

日本工業倶楽部にて

【上】開祖の背後右は竹下勇海軍大将、ついで岡田幸三郎、三浦真陸軍少将。背後左は畔柳久五郎、ついで浅野正恭海軍中将、岡田源吉（日本工業倶楽部）
【左】有信館の剣士、中倉清を相手に合気武道を説明指導する開祖（昭和10年前後、日本工業倶楽部）

東都に広がる合気の和

今回の上京では、前回の宮中関係者や海軍高官などの人脈に加え、財界の名士の方々が加わりました。したがって、稽古の場所も、これまでとはうって変わって、銀座の交詢社や丸の内の日本工業倶楽部などへと広がっていきました。

現在、周囲のたたずまいは、すっかり変わってしまいましたが、交詢社は当時の面影を残しながらおしゃれなビルとなり、日本工業倶楽部は現在も、その偉容を誇っています。

東京、いや日本のビジネスの中心地・丸の内で、合気道が広まっていく実感を開祖は、どのようにお感じになっていたのでしょうか。

のちに開祖の物心両面での後援者となった方々は、この時期に入門されました。合気会の理事をお願いした三菱財閥系の藤田欽哉氏や実業家の岡田幸三郎氏等は、財界・実業界に呼びかけ、合気道に導いてくださいました。また副総理となった石井光次郎氏も東京での最初の弟子の1人でした。

おしゃれに変身した
交詢社ビル

東京のビジネスタウン丸の内に立つ日本工業倶楽部

P.44へ続く

第39回全日本少年少女
合気道錬成大会

【上】今年もたくさんの参加者でいっぱいの日本武道館
【下右】さあ、今年も頑張るぞ！ 受付には長蛇の列
【下左】開場と同時にたくさんの子どもたち。期待に胸がふくらみます

猛暑もはね飛ばす、合気道少年少女が
今夏も日本武道館に集結!
178団体2491人の子どもたちが参加!

平成29年度・第39回全日本少年少女合気道錬成大会（主催=公益財団法人 日本武道館・公益財団法人 合気会、後援=スポーツ庁・日本武道協議会、主管=公益財団法人合気会 合気道本部道場）が、平成29年7月16日に武道の聖地、日本武道館にて開催された。

今年は昨年を上回る、178団体2491人の子どもたちが参加。梅雨が明けたばかり、34度の猛暑のなか、今年も元気いっぱいの子どもたちの舟漕ぎ運動のかけ声が、武道館中に響き渡る大盛況の大会となった。

※この大会の詳報は、20ページからの特集をご覧ください。

【右】植芝充央本部道場長の演武
【中右】真剣に見入る子どもたち
【中左】太鼓の音が凛々しく鳴りひびく日本武道館
【左】姿勢良く、転換

梅雨明けの猛暑も吹き飛ばす！元気いっぱいの声と 溢れる笑顔の錬成大会。

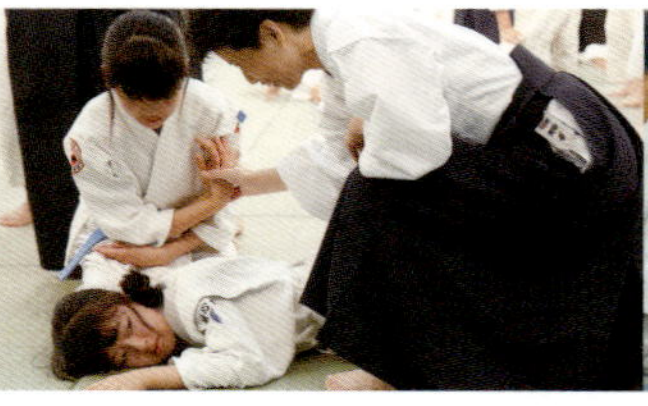

【右】きちんと正座で
【中右】会場でも丁寧な指導
【中左】入退場は、かけ足で
【左】今年もがんばった。記念撮影

日頃の稽古の成果を発揮。気合十分

開会式の様子

第16回全国高等学校合気道演武大会

発揮。若さ溢れる熱い夏の祭典。

【写真右から】藤巻宏本部道場指導部師範による講習会／それぞれの持ち味を活かした演武／講習会では他校との交流も／熱心に稽古に励む／大会終了後、花束をもらう植芝充央本部道場長／礼に始まり礼に終わる、武道の基本を大切に／会場の片付けも自分たちの手で

植芝充央本部道場長による模範演武

年に一度の高校生演武大会！
全国から44校、
500人を超える参加者！

第16回全国高等学校合気道演武大会は、平成29年8月4日に東京武道館大道場にて行われた。高校連盟加盟の44校と招待演武での参加団体、合わせて約500人が参集した。

演武では毎日の稽古の成果を披露し、講習会では他校の生徒と交流、充実した1日となった。

※この大会の詳報は、26ページからの特集をご覧ください。

【右】会場の畳の設営の様子
【中】司会も自分たちで
【左】美しく整列

そ れ ぞ れ が 持 ち 味 を

合気ニュース

AIKI NEWS

道主特別講習会

第13回植芝守央道主特別講習会は、9月16日、17日の両日、公益財団法人合気会茨城支部道場で開催された。

全国各地から55団体128人が参集した。

初日16日は秋晴れの中、13時から2時間にわたって講習会が行われ、道主は基本技を通して、体捌きと呼吸法が活かされていること、入り身、転換、転身が全ての技に繋がって成り立っていることを指導された。

稽古終了後、道主を囲んでの懇親会が行われた。

稲垣繁實茨城支部道場総務部長より挨拶があり、次に磯山博茨城支部道場相談役から挨拶があった。その後、道主は挨拶の中で、昨今の合気道の広がりに言及されながら感謝の意を表された。

林典夫(公財)合気会理事の乾杯の発声で懇談に移り、各参加団体の紹介など会場は盛大に盛り上がった中、平澤憲次全国高等学校合気道連盟会長より閉会の言葉がなされた。

17日は台風の影響も多少あったが、10時から2時間の講習会が行われ、前日と変わらず参加者は熱心に稽古に励み汗を流した。講習会の最後には、道主より2日間にわたる講習会の総括がなされ、無事に終了した。

第57回全国学生合気道演武大会

第57回全国学生合気道演武大会は、平成29年11月25日に日本武道館にて開催され、86団体559人の学生演武者が参集。

第Ⅰ部は、関東学連24団体、東北学連6団体、中部学連6団体、昨年度連盟賞受賞校が演武をした。Ⅰ部の演武後には、植芝充央合気道本部道場長による稽古錬成が行われ、約260人の学生が参加。

第Ⅱ部では関東学連22団体、関西学連9団体、北海道学連2団体、中四国学連6団体、昨年度の連盟賞・斯道奨励賞・会長賞の各受賞校が演武。最後に植芝守央道主による総合演武が行われた。

閉会式では本年度の会長賞・斯道奨励賞・連盟賞が表彰された。会長賞は上智大学、斯道奨励賞は日本大学法・経済・商学部、連盟賞は東北大学、日本体育大学、防衛大学校、明治薬科大学、愛知淑徳大学、立命館大学。演武大会終了後、祝賀会が行われ、各地区の新委員長が発表された。

合氣道探求

vol. 55 2018 JAN

【表紙写真】

撮影地 見沼田んぼ
埼玉県さいたま市

写真 佐藤尚《さとうたかし》

1963年福井県生まれ。

1984年東京写真専門学校卒業後、山岳写真家・風見武秀氏に師事。

日本各地の農村風景、自然風景、などを対象に撮影を続け、新潟県魚沼、埼玉県見沼の田んぼ、をライフワークとして取材している。近年は、47都道府県の懐かしくほっとする一味違う日本の原風景を撮影している。写真集に、『こころの故郷−魚沼の風景を撮る』(恒文社)、『47 サトタビ』(風景写真出版)。

埼玉県戸田市在住。日本写真家協会会員。日本風景写真家協会会員。


【道歌の世界】

書 遠藤征四郎(えんどうせいしろう)師範
昭和17年9月6日生
長野県出身
合気道八段位
合気道本部道場指導部師範

【題字】

植芝吉祥丸

【デザイン・レイアウト】

野口佳大

【本文イラスト】

佐藤右志

【カラー連載】

道主巻頭言

合気道の殿堂として

現在（公財）合気会合気道本部道場として皆様が目にしていらっしゃるのは、昭和6年開祖植芝盛平翁が建てられた「皇武館」と称した「植芝道場」でした。建坪75坪強、80畳敷の道場を有する当時としては立派な建物でした。道場につながって植芝の家がありましたので、私の幼少期にはお稽古のない時間帯の道場は遊び場となっておりました。その当時の写真などに見る御影石の門柱は植芝家の門柱として現存しています。（もう一組は岩間に現存）。偶然にも私の愚妻も道場のごく近くで生まれ育っておりますので当時の道場を知る数少ない一人として鮮明に記憶しているようです。

終戦後に私の父である植芝吉祥丸二代道主が、全てを失ってしまった日本で日本人として誇れるものを持って立ち上がっていこうと決心し、盛平翁が創始した合気道という素晴らしいものを再認識し、合気道をもってして日本を復興させようと誓ったのは開祖の「死守せよ」の命で守り抜いた道場でした。そして、戦後の合気道の再構築を模索したのはその道場の12畳の応接間でのことだったのです。合気道の歴史の中で戦時中よりもさらに苦難と言える時であったと聞いております。

徐々に合気道が確立してゆき海外へも広がってゆく中で、稽古の方々も増え手狭となってしまった道場を新たに建て替えることが必須事となっていき、数年間にわたり検討が繰り返されていきました。昭和41年7月、吉祥丸二代道主が（財）合気会理事長に就任したのを機に新道場建設が現実案として実行に移されていきました。昭和41年12月吉祥丸二代道主は「この一年を顧みて」の一文の中で「現本部道場の所在地に延べ９２０㎡の新道場建設案に対し文部省、通産省のご理解のもと自転車振興会より補助金を送られるという決定に接して愈々《いよいよ》、昭和41年の年末には工事着工という段階に到達した。おそらく来年の末には新道場の完成が考えられ、合気道の普及発展に輝かしい一頁を飾り得ら

れるであろう」と壮大な計画を達成した感を述べられていらっしゃいます。その言葉通り、昭和42年3月に地鎮祭が執り行われ、同年12月15日、木造の道場から一変した鉄筋三階建ての近代的新道場＝現本部道場が完成したのでした。
（その後昭和48年に5階建てとなる）

50年以上前に現在の本部道場建設を考え、実施することは容易な事ではなかったのだと、現在私が道主という立場で考えれば吉祥丸二代道主の胸中を察することは容易です。しかし、当時まだ高校生だった私にとっては、思い出深い家を立ち退かなければならないという気持ちと、長く仮住まいを強いられるという何とも気が重く物悲しい気持ちだけが強く、開祖の思いを込めた旧道場を将来を見据えて近代的な建物に建て替えるという吉祥丸二代道主の心中を思いやるに至らなかったというのが正直なところです。

新宿区若松町の一角にその偉容を表してから丁度50年の時が流れました。現在、合気道の門人の方々の中で以前の合気道本部道場の建物をご存知の方がどれほどいらっしゃるのでしょうか。本当に少なくなってしまっていると思います。近隣の様子が激変しただけではなく、道統も開祖植芝盛平翁から吉祥丸二代道主へと受け継がれ、私へとそのバトンが渡されて久しくなっています。財団法人合気会から公益財団法人となり、（公財）合気会の師範も指導部員も世代交代され、本部道場に通われている方々も然りです。しかし、状況や世代が変わろうと、どの時代にあっても本部道場というものは合気道の象徴であり、合気道を修業される方々にとっての殿堂でなければならないと思っております。

道場が建て替えられても、世の中が変わってゆこうと、吉祥丸二代道主が合気道を、開祖の心を日本の誇れるものとして世に広めてゆこうと誓ったその場所で、その合気道を志す方々にとっての殿堂として本部道場はあり続けてゆくことでしょう。当時高校生であった私も道主の立場になり早19年経ちました。私は受け継がれた合気道の心と合気道本部道場をしっかりと守り、次世代へ繋いでゆきたいと思っています。

合気道道主　植芝守央

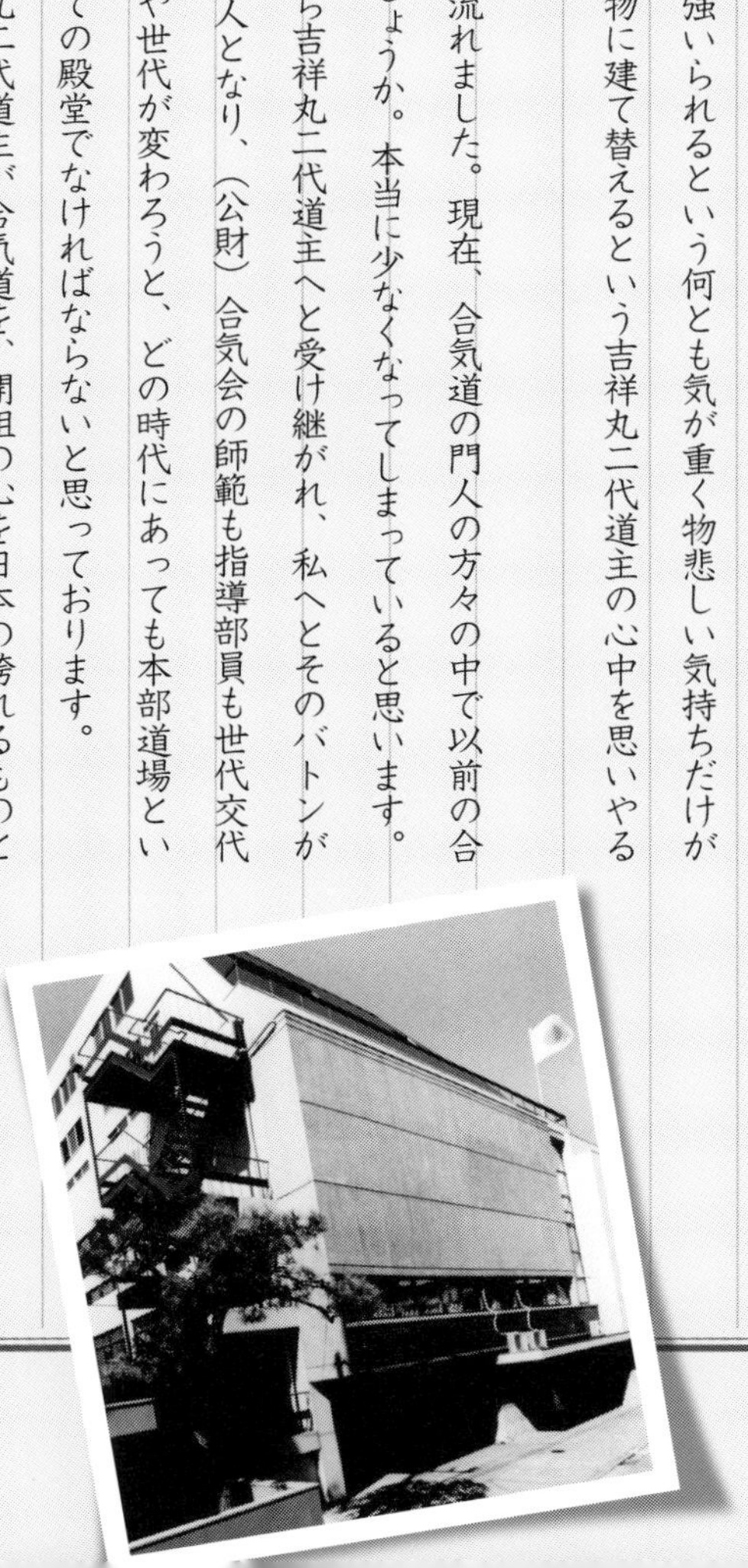

道主対談

揺るぎなき理念の土台作りを目指して

シュガーレディグループ
代表取締役社長

植芝守央 × 佐藤 健

Moriteru Ueshiba *Ken Sato*

profile

佐藤 健

製造時に化学的合成添加物を一切使用しない商品を、年間1100品目以上販売。女性販売組織「シュガーレディ」による冷凍食品の宅配、通販、海外事業などを展開する。
博報堂香港勤務を経て、平成9年シュガーレディ関西入社、平成13年シュガーレディ福岡を立ち上げ、平成18年本社へ。平成19年副社長、平成22年6月代表取締役社長就任。
創業者佐藤啓次郎長男。慶應義塾大学法学部からコロンビア大学大学院。昭和41年4月神奈川県生まれ。51歳。

羽田シュガーレディ本社にて

九州で合気道と出会う

植芝守央道主（以下道主）　今号の道主対談では、実業界で大変ご活躍されているシュガーレディ社の若きリーダー、佐藤健社長にお話をいただきたいと思います。本日はよろしくお願いします。

シュガーレディ佐藤健社長（以下佐藤社長）　いつも拝読させていただいている『合気道探求』から今回のお話をいただいたときには、私ではとても力不足だと思いまして、お断りしようと思ったのです。しかし考えてみましたら、道主からお話をいただいたことは大変に光栄なことですし、これは合気道も仕事ももっと頑張れということなのではないかと前向きに捉えまして、今日を迎えさせていただきました。

道主　お仕事と合気道の関わりについてなどを中心にお話を聞かせていただきたいと思います。まず、合気道にご縁があったきっかけをお聞かせください。

佐藤社長　１９９７年、私は30歳でシュガーレディに入社しました。２０００年当時、九州にはまだ進出していなかったものですから、当時社長であった父から、ゼロから組織作りをしてこいと言われました。本当に、初めての土地で物件探しから始めて、結局5年間滞在し、最終的には５００人ぐらいの組織にして、こちらに戻ってきました。

福岡時代3年目の頃だと思いますが、会社から歩いて10分くらいのところに、祥平塾高砂道場という古い道場がありまして、なぜかいつも気になっておりました。見学に行きたいなと思い続け、ある日、勇気を出して行ってみることにしました。

　そのときはたまたま菅沼守人先生はおられなかったのですが、師範とたくさんの会員がおられました。みなさんとても物静かで、でも、とても強くて。肩をいからせているような方が出てくるのでは……なんて、実は少し心配していたのですが、まったくそのようなことはなくて、ここは素晴らしいなと思い、見学しにきて良かったと思いました。

　そのとき、会員のみなさんが「今日だけで決めないでほしい。菅沼先生に会ってから、入るも入らないも決めてほしい」と言われました。そのお話があったものですから、後日改めて菅沼守人先生にお会いしまして、すっかり先生のファンになってしまいました。即日入会を決め、それからは、先生をはじめ、先輩たちからもいろいろと教えていただきながら稽古をしてまいりました。たまに稽古の後にお酒を飲みにいき、そこでも楽しい時間を過ごしました。

　桑原謙太郎さんという兄のように慕っている先輩がおられまして、その方が「二段までは何も考えずにやれ。その先は自分と向き合いながら、自分の合気道のかたちをつくっていきなさい」とアドバイスをしてくださいました。それからは、さらに熱心に稽古に通いました。会社も道場のすぐそばだったので、週に5、6日は朝稽古に出て、出勤前にいい汗を流しながら稽古に励みました。

“「すべての人を食で健康に幸せに」この理念を未来永劫残したい”

道主　道場をのぞかれる前には、合気道についてのイメージはありましたか。

佐藤社長　どちらかといえば護身術というイメージでした。

　福岡時代、夜タクシーに乗っていたとき、暴走族のような若者たちとタクシーの運転手さんがけんかをしてしまったことがありました。オートバイでタクシーの周りを囲まれて、蹴られたりしたことがあるのです。その経験の後、自分の身は自分で守らねばならない。そのためには、何かを身につける必要があると思うようになりました。それが直接のきっかけではありましたが、今は護身のためにとはあまり考えてはいないですね。

「安全でおいしい」への一点の曇りもなき思い

道主　九州で合気道と出会われて、お仕事も精力的になさってこられた。今回、御社の経営理念を読ませていただきました。食に対する安心・安全へのこだわり、自然のものをできる限り使い、疑わしきものは使わない。そして相手の立場に立ってもの作りをするという考え方。どれも非常に素晴らしいことだと思いますし、それらは合気道の理念に共通するところがあると感じました。

佐藤社長　我が社では、「食べる」ということは、人間にとって一番大事で重要な行為であり、活動であると考えております。これは就職活動の学生の説明会などでもわかりやすく説明しております。とてもシンプルなのですが、その大事な「食」を通じて、1人でも多くの人を健康にし、さらには幸せにしたい。それが我が社の基本的な理念です。

　ではその理念の実践のために、どんな食品を作ればいいのかという点においても、とてもシンプルで、「安全で、おいしいもの」を追求していくことになるわけです。安全であってもおいしくなければ楽しくないのです。ですから「安全で、おいしい」ということを、どこよりも実現していこうと思っております。

　ただ昨今、食品の偽装事件などが相次いだこともあって、今では極端な言い方をすれば、日本中のすべての食品会社が「安全でおいしい」ということを謳っていると思います。しかし果たして本当に、「安全でおいしい」に向かって進んでいる会社があるのかというと、もちろん実践しておられる会社もあるとは思いますが、非常に少ないのではないかと思っています。

　我が社がもっとも誇れるのは、先代・先々代から続いている「自分自身が毎日食べたい」、「大切な人の健康のために毎日食べさせたい」と心から思えるようなものを作っていきたいという思いです。そこに関しては一点の曇りもないと思います。これは、私だけではなく、全社員・全販売員が皆、共通の意識として持っていることです。

道主　そのような強い信念があるからこそ、今のように会社が躍進されているのだと思います。最近はどんな分野でもネット社会で、互いの顔も名前さえも知らずに成り立つ関係が当たり前の世の中になってきています。そんな中、御社は「フェイス・トゥ・フェイス」を非常に大切にしておられます。

　これはまさに合気道です。合気道も、机上でいくら説明しても成り立たないものです。お互いが一緒に稽古しながら尊重し、高め合う。その良さが、今の時代だからこそ多くの方に理解されていると思います。

佐藤社長　我が社の「フェイス・トゥ・フェイス」を支える販売員制度は、先々代の社長であった父と、父の右腕だった二代目社長が大切にしてきたことです。元々は男だけで冷凍食品を売ろうとしていたところなかなか成果が出ず、見かねたお得意様の奥様たちが「私たちが手伝ってあげるわよ」と言い出してくださったところから始まりました。

【上】徹底した品質管理、検査について説明を受ける
【中】清潔な最新設備を揃えて、日々検査に余念がない
【下】こだわり抜いた商品。自然のものを使い、疑わしきは使わない

そこから発展して、一時期は1万5千名の組織にまで成長しました。

昨今、ライフスタイルの変化が著しく、人の組織に加えてネットも必要だと思い力を入れるようになってから、ネットでの売り上げは非常に伸びております。しかし、やはり大切にすべきは「フェイス・トゥ・フェイス」、我が社のお家芸である販売員制度だと思っておりますし、これに勝るものはないと思います。

信頼している人からのお勧めの商品であるということが、一番わかりやすく信頼を得られると思うのです。特に食品ですから実際に食べていただくことが大事です。そこで我が社では、無料試食会を開催しております。これは実際に食べて納得したものだけを購入していただくために、販売員が自ら試食品も作る試食会です。我が社の販売員とお客様は、すでに何十年来のお友だちという方が多いのです。いい関係性を繋げてくれていると常々感謝しており、会社の核の部分を支えてくれていると思っています。販売員は、下は20代から、上は90代の方までいらっしゃいます。

販売員にはノルマはありませんので、例えば80歳を過ぎた方でも、ご自身のペースでお仕事をしていただいています。私たちはもちろん助けられていますが、販売員の方々にとっても仕事は生きがいになっておられるのがとても嬉しいことです。

今の若い方は、販売員から我が社の商品を購入することに抵抗があると思うのです。ですからまず、ネットで我が社の商品にたどり着いていただき、そこから信頼を得て、販売員からの購入に逆流していただけることが理想的だなと思っています。

道主　それはとてもいい、理想的な形ですね。御社が、顧客はもちろん、販売員や従業員など、関わる人を大事にしておられるのが感じられます。

販売員の方の生きがいになっている点も、本当に素晴らしいですね。合気道も生涯を通じてできる武道です。その人の体力に応じて、マイペースに続けていけばいいのです。まったく違う分野ですが、大変共通する部分があると思いました。

また時代とともに変化していくもの、決して変えてはならないものがあると思います。合気道においても同じです。合気道は、植芝盛平翁が創始いたしましたが、合気道そのものはたとえどんなに社会が変化しようとも、変わってはならないものなのです。社会環境は刻々と変化してきております。その中で会社を引っ張っていく社長には、苦心されることもあると思います。

変化と継続。時を刻む使命を持つ者として

佐藤社長　我が社の理念は、永続的でなければなりません。「すべての人を食で健康に幸せに」という理念は、時代が変われど絶対に変えてはならない部分です。

ただ、時代とともに進化しなければならないこともちろんたくさんあります。私が社長になってからは、変えるべきところは、どんどん変えていかなければならないという思いでやってまいりました。

例えば、それまでは冷凍食品中心だったのを、厳しい自社基準を通ったものであればフリーズドライやレトルトなども扱うようになりました。

また、国内で主婦による販売だけでしたが、裾野を広げる意味で、ネット通販の導入を始め、さらには「オフィスシュガーレディ」といって、オフィスに置かせていただいて、夜食やお昼ご飯でご利用いただくシステムも始めました。

また、２０１６年、初めて海外への進出も始めました。２０１７年の8月、香港でアジア最大級の食の展示会・フードエキスポというものがありまして、そこで、我が社のポークを香港の行政長官にも食べていただきました。

さらには3年前から機内食にも挑戦しています。日本航空のファーストクラスとビジネスクラスで、数点採用していただいております。

新しいからといって全く違う業界にもどんどん進もうとは思いませんが、我が社の商品を色々な形で広めていくことは、これまでも挑戦してまいりました。

変えることはとても勇気のいることです。当然多くの反発もありました。そんな中、私自身がその信念を強く持つことができたきっかけの1つが、合気道なのです。そしてもう1つは、父の「下からやって来い」という方針でした。これは私自身が望んだことでもあります。私が入社したのは30歳でしたが、はじめの10年間は本社ではない場所で働きました。関西で販売員、その後東京で営業、それから福岡でゼロからの組織作りだったわけです。入社から10年が経ち、ようやく初めて本社に入りましたが、それまでの10年間、やはり先輩たちが非常に厳しく教育してくださった。それぞれに色々な思いがあったとは思いますが、みんなに可愛がっていただきました。この10年を経て、会社の変えるべき点について考えさせられました。

そんな中、私の励みになっていたのが、実は吉祥丸先生のお話でした。とてつもないカリスマである開祖を父に持ち、その後一部の人にしか紹介されることのなかった合気道を、広く世の中に知らしめていくそのシステムを、二代目である吉祥丸先生が構築され、合気会を大きな組織にされました。私も組織を継ぐものとして、吉祥丸先生を目標にして仕組み作りをしようと強く思いました。

自分もいつか引退しますし、私だけではなく、父や創設者たちと一緒に働いてきて、その思いを知っている人は、いなくなってしまいます。

『美しい国から』プロジェクトのパンフレットを見ながら

“共に稽古しながら お互いを尊重し、高めあうのが合気道”

ただ、たとえ体はなくなっても、その理念は未来永劫残せるのです。これから先、後輩たちがその理念を守りながら、さらに進化し続ける会社にするために、今、自分は時計作りをしなければならないと、それが私の使命であると思っています。

道主　お話にあったように、開祖植芝盛平は絶対的なカリスマでした。武道界の中にあっても非常に光を放った人であったと思います。それを戦後日本の社会構造が変わるのに従い、門外不出の武道であった合気道を、広く一般の方にも知っていただくよう、吉祥丸二代道主が動きました。

父のやり方は、それまでとはまるで違っていました。例えば、大学で合気道をやること、演武大

会を開催すること、図書や合気道新聞を作って合気道の広報をすることなど、それらは当時、武道界の発想にはなかったことといえるかもしれません。いろいろな要素が絡み合って、今、合気道は世界１３０の国と地域にまで広まったわけです。

もちろん、創始者がいなければ物事は始まりません。しかしそれを社会に浸透させるために、時を刻みながらしっかりと歩みを進める人物、時計の役割をする人物、まさに吉祥丸二代道主ですが、それらがバランス良く存在したからこそ、今日の合気道があると私は思っております。それを感じ取っていただいたことを、非常にうれしく思います。そして社長ご自身が、その使命を強く感じ、後継者として、組織の長として、しっかりと時を刻み歩みつつも、常に飛躍するための発想を持って進んでおられる。とても素晴らしいことだと思います。

今後の抱負などをお聞かせいただけますか。

改革、そして社会貢献

佐藤社長　これから生き残っていくために、もちろんネットなどお金をかけて整備し発展させていくべきことがあります。しかしやはり我が社の最大の特徴である「人」の組織を、さらに強固にしたいと思っています。時代背景の影響もあり、一時期は1万5千人まで増えた販売員でしたが、増えればもちろん、色々な問題も出てまいります。私は、これからの時代は、本当に少数精鋭の強いプロ意識を持った人に絞って根幹として成長させていかないと、組織が総崩れになるのではないかと考えました。

社長になった後、いろいろと新しいことを始めたのと同時に、販売員の数を大幅に減らす改革を行い、3分の1の5千名の方にお客様に戻っていただきました。

もちろん最初は抵抗が大きく、売り上げも当然減りました。しかしそれを断行できたのは、かつて同僚や先輩であった人たちが、盾となって私を守ってくれたからでした。彼らは絶対にこの道が会社にとって最良の道なのだと、信じてくれました。私一人では、絶対に成し得ないことだったと思います。

道主　みなさんが動いてくださったのは、社長のお人柄でしょう。人を惹きつける社長ご自身の魅力、そして会社に対する愛情を、みなさん汲み取って動いてくださったのだろうと感じました。

さていろいろお聞きしてまいりましたが、御社の社会貢献についてお伺いしたいと思います。ユニセフ基金など、広く社会貢献をされていることに感心しております。

佐藤社長　ユニセフの基金は１９９１年に、先代である父が始めたことでした。戦後、日本が苦しい時代に、ユニセフを通じて粉ミルクがたくさん寄付され、日本の子どもたちが非常に助けられたそうです。その恩返しとして、世界の困っている国の子どもたちを助けたいという思いから始まりました。それを引き継ぎ、今後も続けていこうと思っています。

また、２０１６年から始めたことですが、『美しい国から』というプロジェクトがあります。

日本国内には、限られた量の生産しかできない、非常に優れた生産物がたくさんあります。大手が扱えないので、中央に来ることなく埋もれてしまうものもたくさんあるのです。

それを地域ごとに見つけて、生産者の顔が見えるだけの売り方ではなく、素晴らしい土地があり、素晴らしい作物が作られている。そんなストーリーをいっぱい詰め込んでお客様に紹介し販売をする。そして売上金の一部はその土地の景観を守るために自治体に寄付する。このプロジェクトは今年度の「食品産業技術功労賞」をいただきました。

道主　なるほど。信念を持って社会貢献もされているのがよくわかります。さて、合気道への取り組みについて伺います。九州で出会われて、現在は本部道場のほうへお越しいただいておりますが。

目の前のことに一生懸命になること

佐藤社長　2005年頃だったと思いますが、本部道場の朝稽古に出させていただきました。初めての日は本当に緊張しました。私にとって道主は、DVDと本の中でしか出会わない存在でしたから。それ以来、週1回は朝稽古に伺っております。

　本部道場で会うみなさんが、本当に優しくて明るくて、そのおかげで楽しく通わせていただいております。仕事で体は疲れているのですが、合気道をすると毎回元気がもらえます。

道主　開祖は「合気道は愉快に実施すべし」とおっしゃっています。厳しい稽古の中にも、楽しい、爽やかな気持ちを忘れないということでしょう。

佐藤社長　私はまだ二段です。合気道をしていなかったら、今日の私も、今日の会社もないと思います。それぐらい自分にとって、合気道から受ける影響は大きかったと思うのです。

　合気道の考え方はもちろん、道主や菅沼先生のお言葉や、普段から合気道に取り組まれる姿勢……そんなものを間近で見せていただき、自分もこうありたいと思うようになりました。その影響が大きいと思います。合気道を知らないまま社長になっていたら、多分、会社は今日のようではないと思いますし、それはあまり良くない形だったのではないかと想像しています。

　とはいえもう少し稽古に身を入れて、三段を目指さなければならないなと思っているのですが……。

道主　社長という立場で多忙を極めておられる方が、週に1回必ず稽古に見えるということは、大変なことだと思います。情熱を持って何事にも取り組まれるその姿勢が、会社の経営や組織の中に活かされていて、とても素晴らしいことだと思います。

佐藤社長　福岡で合気道の稽古をするようになってから、この一瞬一瞬を、今を一生懸命生きよう、頑張ってみようと思うようになりました。あまり先を心配し過ぎても仕方のないことですし、過去を後悔したところで、もう遅い。そんなことにとらわれるよりも、今、目の前にあることを一生懸命やろうと菅沼先生から教えていただきました。

　それと同時に、稽古が終わって道場を出た後も稽古なのだということを、福岡時代はもちろん、本部道場の先輩からもよく言われています。未熟者なりに、合気道で学んだこと、人に対する接し方や物事に対する取り組み方などは守っていきたいと思っています。

道主　本日は貴重なお時間をいただき、ありがとうございました。

第39回全日本少年少女合気道錬成大会

詳報

7月16日、猛暑の中、東京・千代田区の日本武道館に、178団体2491人が参集した。

平成29年度・第39回全日本少年少女合気道錬成大会

主　催＝（公財）日本武道館・（公財）合気会、後　援＝スポーツ庁・日本武道協議会、主　管＝（公財）合気会合気道本部道場

猛暑の中を元気に集合！

梅雨明け前ではあるが、34度の猛暑の中、178団体2491人が参加し、汗を流した。

午前11時より（公財）合気会・植芝充央本部道場長は「只今より平成29年度全日本少年少女合気道錬成大会を始めます」との開会宣言を述べた。

国歌斉唱の後、高村正彦衆議院議員・大会会長が「全日本少年少女錬成大会を開催致しますところ、大勢の少年少女の皆さんに参加頂きましたことを心から感謝申し上げます。この暑い中を合気道の稽古を通じて心と身体を鍛えよう、自らを高めようといって参加頂いた皆さんに心から敬意を表するものであります。日本武道館が公認している現代武道は合気道をはじめ9種目あるわけでありますが、礼に始まって礼に終わる技の稽古を通じて心と身体を鍛える。皆さんは合気道に縁があって合気道を始められたと思いますが、いいと思ったものを始めること、そして始めたら成功するまで止めないで続けることだと思っています。みなさんもこの素晴らしい合気道を是非続けて頂きたいと思います。

そして、この錬成大会が終わって参加者の皆さんは、どうか友達に合気道は素晴らしいよ、一緒にやろうよと広く声をかけて頂きたい、合気道の輪をもっともっと広げて頂きたい。合気道は右肩上がりに人口が増えているという話も聞きました。もっともっと広がっていって欲しいと思います」と会長挨拶を述べられた。

続いて大会名誉会長挨拶として、

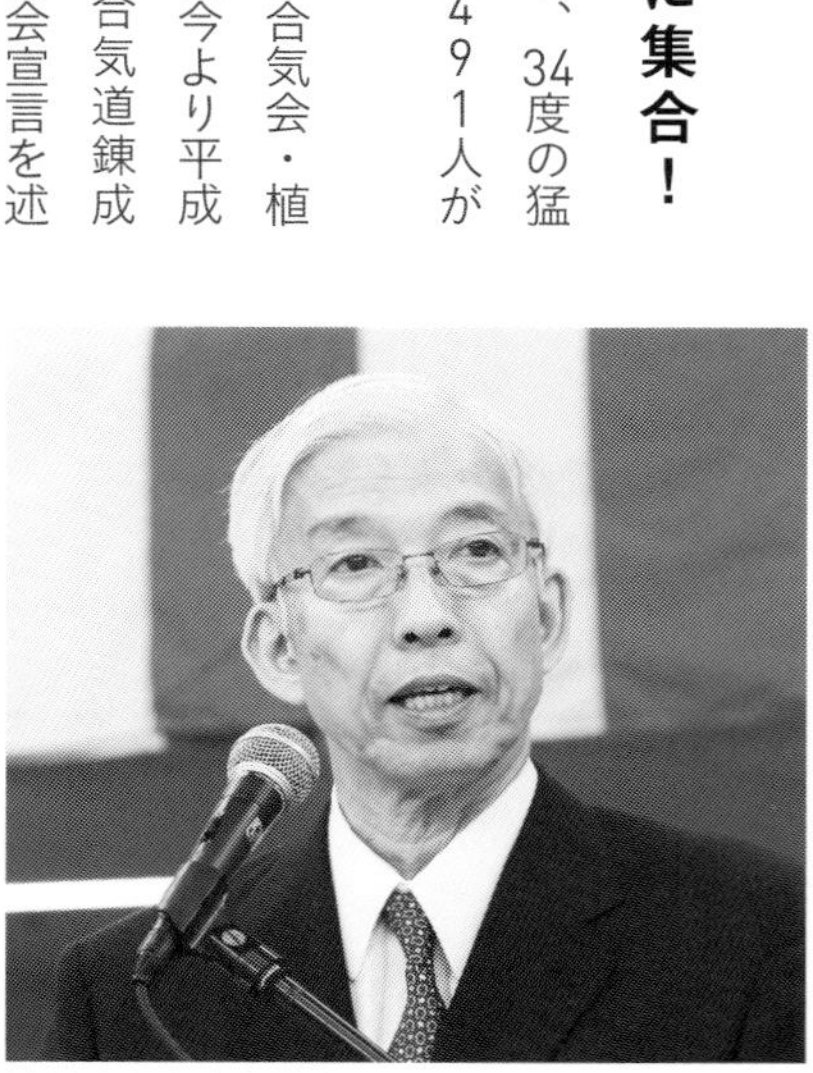

植芝守央大会名誉会長

尾﨑昫大会実行委員長

高村正彦衆議院議員・大会会長

可児晋（公財）合気会理事

植芝充央本部道場長

植芝守央（公財）合気会理事長・合気道道主より「第39回全日本少年少女合気道錬成大会が北は青森県、南は広島県から大勢の皆様にお集まり頂きまして開催できますことを大変うれしく思っております。大変暑い日が続いております。その中で今日は、基本錬成ではしっかりと先生の指導を受けること、演武錬成ではそれぞれの道場で日頃稽古したことを十分に発揮して頂きたいと思います。

　この大会が開催できますことは日本武道館をはじめとする関係者の皆様方、また保護者の皆様方、引率の先生方、多くの皆様方のお力によってこの大会が出来上がっております。このことに皆様方は感謝の気持ちを忘れずにそして皆さんの力でこの大会を素晴らしい大会にして頂きたいと思います。そして夏の良い思い出にして頂きたいと思います。がんばってください」と述べられた。

　祝電披露の後、尾﨑昫大会実行委員長より「皆さん、合気道の稽古は楽しくなければいけません。しかし合気道は武道です。楽しい中に厳しさもなくてはいけません。どうぞ熱中症に気をつけて、怪我をさせない、怪我をしない。がんばってください」と錬成上の注意があった。

　開会式の締めくくりとして、参加者2491人を代表して石芯塾童夢の会から鈴木彩月《さつき》さん（中学3年生）、山田恭介くん（中学1年生）より元気いっぱいの「ちかいのことば」が述べられ、会場は真剣な空気に満ち満ちた。

膝行も元気よく

礼に始まり礼に終わる。武道の基本を大切に

少年少女武道優良団体表彰に移り、神奈川県の合気道春水道場、千葉県の流山合気道同好会が表彰された。

4部構成で基本錬成スタート

基本錬成に移り、全員でエイホー！　エイホー！　と大きなかけ声を出しながら、舟漕ぎ運動をした後、桂田英路本部道場指導部師範の指導で1部、日野皓正同指導員の指導で2部、内田直人同指導員の指導で3部、小山雄二同指導員の指導で4部の稽古が行われた。子どもたちはそれぞれ、指導の先生方の動きと説明をしっかりと見聞きしながら、積極的に取り組んでいた。

錬成大会締めくくりは、演武錬成

演武錬成は1部と2部に分かれ、会場を5面に分け、存分に普段の稽古の成果を発揮した。

また、1部と2部の稽古の間には本部道場指導部による受け身、膝行、基本の体捌きの演武、2部終了後には植芝本部道場長の総合演武が披露され、大会を締めくくった。

壮観！　会場全体で舟漕ぎ運動

【上】指導に真剣に見入る
【下】退場もキビキビと

閉会式では、可児晋（公財）合気会理事より「少年少女の皆様、今日は基本錬成、演武錬成に続き、植芝本部道場長の模範演武と誠に充実した1日を過ごされたのではないでしょうか。本日の様々な体験を是非これからの稽古に活かしてください。そして来年の夏、一段と上達された皆様にこの日本武道館にてお会い出来るのを楽しみにしています。

また、会場でご覧の皆様、特に保護者の皆様、お子様たちの溌剌とした演武にきっとご満足いただけたのではないかと思います。今後共、お子様たちの合気道にご理解とご支援を宜しくお願い申し上げます。それでは合気道の益々の発展と皆様のご健勝をお祈り致しまして、平成29年度全日本少年少女合気道錬成大会を終了致します」と閉会宣言がされ、大会は盛大に幕を閉じた。

合気道春水道場（左）、流山合気道同好会の代表者

日本武道協議会
少年少女武道優良団体表彰

この表彰は、毎年全国の武道団体の中から、
少年少女武道の普及振興に関し特に顕著な成果を挙げた団体に贈られます。

合気道春水道場

「閃きて至る」

合気道春水道場 代表
三由敏雄

会場は全国からやってきた子ども達でいっぱい

合気道の魅力に取り付かれた仲間が自主稽古を始めて暫く、折角中学校の施設をお借りして稽古をしているのだから、地域の子どもたちを誘ったらと思い、数回しかお目にかかったことのない藤田昌武師範にご相談しました。これからは合気道が拡がっていくのでどうぞとお言葉を頂き、今思えば無謀なことをと恥じ入りますが、先ずは春水道場と命名して始めたのが平成9年7月23日でした。

日本が終戦を迎え、北京から引揚げてきた北陸の金沢は空襲を免れ幸せな少年時代を過ごしました。ただ進駐軍の命で武道は罷りならぬという時代で専ら野球少年で中学、高校を過ごし、武道に関わる機会が遠くなりましたが、30歳も後半になると思い出したのが武道、武道の心得が無くては恥ずかしい。いざ鎌倉という時は駆け参ず自分の年代の者には持ち合わせている矜持でした。遅ればせながら、本屋さんで知ったのが合気道開祖植芝盛平翁でした。

同時期に茶道もと習い始めた時、床の間に「春水満四澤」のお軸があり、尋ねると、春になり山に積もった雪は解けてどの沢にも流れ込み、人々を等しく潤す禅の意味合いでしたが、開祖の教えと重なり心に刻まれました。

至らなくとも自分に出来る最善をと続けて、いつの間にか今年で20年、春水の由来のように様々な出会いや別れがあり、それぞれが合気道を心の糧としているのを見聞きし、またこの度は、少年少女武道優良団体に選ばれ、沢山の方のお力添えが有ってこそと感謝の至りです。誠に有難うございます。

「合気道を始めて」

菅ひとみ
中学3年生

今から8年前、私が小学校1年生の時に、福岡県で合気道と出会いました。初めて見学した時見たのは、受け身の練習がほとんどで、不思議でした。一番印象に残っているのは、先生が木刀で突き、私が転換などでよける練習です。私は恐くて早くよけてしまいがちでしたが、先輩方の動きはとても美しく、目が釘付けになりました。そして私もできるようになりたいと思いました。

合気道には「勝敗がない」ということが、他の武道と大きくことなる点で、私はそれが魅力だと思います。勝敗というはっきりとした結果が得られない分、自分自身と向き合い、追求し、それを継続し、努力する強さが必要になるからです。魅力はもう1つあります。それは合気道の技はどれも人を傷つけないことです。向かってきた相手の流れに合わせることで、傷つけずに制することができることに驚きました。

合気道をやっていて楽しいと思うのは、練習した分だけ技が上手くきれいにできていることを感じる時です。最近では成年部でも稽古させてもらっているおかげで、少年部でやったことのない技がたくさんあって、やったことのある技でも違う方法やコツを教えてもらえてたくさんの発見があって楽しいです。

そして今回優良団体に選ばれ、とても驚きましたが、うれしかったです。今1番近い目標は、春水道場のみんなと息を合わせて美しい演武をすることです。そしてこれからも、稽古に励み、段を取りたいです。

流山合気道同好会

「優良団体の表彰を受け」

流山合気道同好会 代表
鈴木 誠

このたび、平成29年度の少年少女武道優良団体として当会が表彰を受け光栄と思っております。

平成11年度に会を設立し、錬成大会に参加して早16年目になります。当初は土曜日の午後のみの稽古のため、残念ですが、中学に進学すると部活と稽古時間が重なり、稽古に来られる子がいませんでした。定年をきっかけに、6年前から中学生の受け皿として、月曜日の夜にも教室を開設、その後、水曜教室も開設し、現在40名（子ども20名）が楽しく稽古を行っています。

子どもたちには、各技の稽古前後の挨拶の大切さ、意味を理解させ、年長者は低学年、新人に技の動きを言葉で教え、やさしく体勢を崩すことを大事にするよう指導しています。

合気道の特徴の1つは「受け身」です。必ず逃げずに受け身を力強くとる。受け身を取ることが上達の早道、即護身術。

また、攻撃（受け）する側を「オオカミさん」と称し、オオカミさんに捕まらず、バランスを崩し、逃れる。やさしくケガをさせずに倒せるよう護身術を意識して稽古をさせています。

各技ではすみ落しを「10円拾い」「ペンギンさん」等と称し、低学年の子どもでもオオカミさんのバランスを崩せるよう、動きを表す言葉選びを工夫し、体の動きを単純化するなどの稽古を行っています。

今回の表彰につきましては合気会の推薦があり受けることができたものと思い、感謝しております。これからも、合気道同好者を地域に増やし、笑顔の和を広げていきたいと思います。

「合気道を続けられた訳」

二《に》瓶《へい》 隼《しゅん》 太《た》朗《ろう》
小学6年生

僕が、合気道を始めたのは、幼稚園の年長の時でした。

真冬の道場の畳は冷たく、とても嫌でした。でも、先生はいつもニコニコ優しくしてくれたので頑張れました。

一番好きな技は、「すみ落し」です。

何故かと言うと一番最初に教わった技だからです。こんな簡単なことで、人が転ぶとは思えませんでしたが、僕が段々大きくなった時、先生の技を受けて本当に転んでしまい、すみ落としの凄さがわかりました。

そして、初めての錬成大会では、とても大きな日の丸と、まぶしい位の照明にドキドキしたのを覚えています。

大勢の人に見られて緊張したけれど、演武が終わるとその同じ位に気分が良かったです。

それと、普段は合気道のお友達と遊べないけれど、毎年年末になると先生が納会を開いてくれて、その時はお友達と遊べるのも楽しみの1つです。

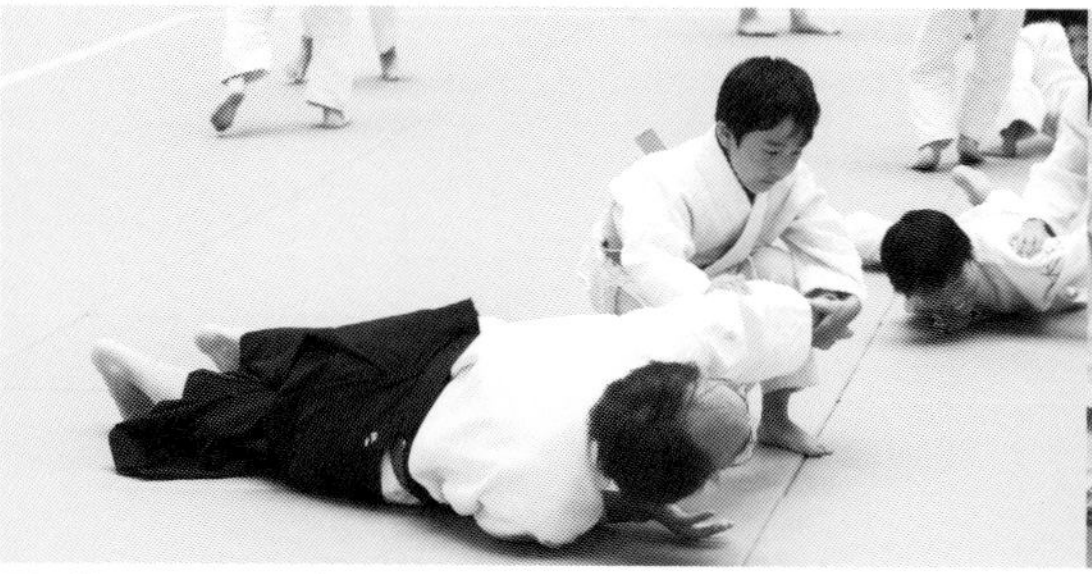

固め技もしっかりと決める！

しっかりと正座しながら真剣な表情の子どもたち

貴重な体験

石芯塾童夢の会　山田 恭介

僕は小学校の4年生から稽古を始めました。その前は、合気道の存在すら知りませんでした。それまで、武道というものは自発的に攻撃するものだと考えていました。けれど稽古のなかで、合気道はそれとは全く違うものだと感じました。相手の動きに合わせ、相手の力を利用して制するものなのかな、と感じました。

そんな風に、石芯塾童夢の会の一員として、石原師範、坂齊先生、匡師先生にたくさんのことを教わるなかで、今回の宣誓のお話を頂きました。

全国の合気道の仲間の前で宣誓をすることは、とても光栄なことです。自分だけでなく、家族にとっても貴重な体験となります。 なので、とても緊張しましたが、宣誓をがんばりました。

師範、先生、ありがとうございました。

ちかいのことば

2000人を超す参加者を代表して、
石芯塾童夢の会の山田恭介くん（中学1年生）、
鈴木彩月さん（中学3年生）が、
開会式にて「ちかいのことば」を述べました。
後日、おふたりから感想をお寄せいただきました。

ちかいのことばを述べる石芯塾童夢の会の
鈴木さん（左）、山田くん（右）

夏の思い出

石芯塾童夢の会　鈴木 彩月《さつき》

私は、小学2年生の時に母と弟と合気道を始めた。初めの頃は、何となくやっていた。

道着もなく、1年以上ジャージで稽古をしていた。母は、続かないと思っていたからだ。次第に合気道が楽しくなり、稽古に真剣に取り組むようになった。やっと道着を買ってもらうことができた。なんだか着心地が悪く、帯も結べず、大人の人に毎回教えてもらっていたが、着ること自体はうれしかった。

一昨年、努力賞を頂いた時は、真面目に稽古に取り組んで来たからだと思い、喜んだ。

今年最後の出場で、宣誓という大役を任されたこと、とても誇りに思っている。2491人の代表としてしっかりできたと思う。貴重な体験をさせてもらい、夏の素晴らしい思い出ができた。また、今後も合気道を続けていく励みにもなった。

日々の鍛錬の成果を発揮する演武

第16回全国高等学校合気道演武大会 詳報

平成29年8月4日、全国から500人を超える高校生が集まり、
熱のこもった演武が披露され、講習会が行われた。

平澤憲次大会会長

飯沼正憲大会実行副委員長による開会の辞

祝辞を述べる道主

緊張感の中で、開会式

【上】畳の設営をする参加者
【下】司会も学生たちが担当

暑さにも負けない、５００人の高校生が参集！

第16回全国高等学校合気道演武大会は、平成29年8月4日に東京武道館大道場にて行われた。高校連盟加盟の44校と招待演武で参加をした神奈川県合気道連盟（鶴岡八幡宮研修道場合気道科、AIKI健芯CLUB）、埼玉県合気道連盟（和光道場、大宮道場、新所沢合気道同好会）、千葉県合気道連盟（朋清会白井道場、八千代合気会、船橋合気会、銚子合気道会）、東京都合気道連盟（東大和市合気道会、合氣道土井道場、荒川合気会）より、約５００人の高校生らが参集した。

飯沼正憲大会実行副委員長の開会の辞によって大会は始まり、主催者挨拶として平澤憲次大会会長より「第16回全国高等学校合気道演武大会が、道主植芝守央先生をはじめ大勢の来賓の方をお招きし、この様に盛大に開催できますことを大変うれしく思います。『合気道探求53号』には昨年の大会に参加した高校生の感想が掲載されておりました。『どの高校を見ても自分たちにはない良いところが発見できた』『演武大会に参加してこれからの課題の具体的な整理ができた』『これからも合気道を続けていこうという強い気持ちがうまれた』など有意義な時間を過ごした感想が載っておりました。どうぞ本大会を夏の思い出にしていただき、これからの稽古に励んでください。

最後になりますが、日頃ご指導いただいている先生方をはじめ、関係

井出啓之大会実行委員長

尾﨑眴全日本合気道連盟理事長

可児晋（公財）合気会理事

礼に始まり、礼に終わる

基本の体捌きを説明する藤巻師範

一つ一つを丁寧に演武する参加者

大会を締めくくる、植芝充央本部道場長による総合演武

会場の片付けも自分たちで

各位の皆様に厚く御礼を述べまして、挨拶とさせていただきます」とあった。

次に来賓を代表して植芝守央道主より「第16回全国高等学校合気道演武大会が、ここ東京武道館に全国の高校合気道部の皆様が集まり、この様に盛大に開催されますことを心よりお慶び申し上げます。是非、皆様の元気と情熱で、素晴らしい大会にしてください」と祝辞が述べられた。

続いて、山口伸樹笠間市長等からの祝電が披露された。

日頃の稽古の成果を披露

大会の第1部は紅白2つの畳に分かれて各校の演武が行われた。高校生演武の後、招待演武として各連盟所属の道場に通う高校生が演武した。締めくくりとして植芝充央本部道場長による模範演武が披露された。模範演武の終わりには田園調布雙葉高等学校の代表生徒より謝辞が述べられ、植芝道場長に花束が贈呈された。

第2部は藤巻宏本部道場指導部師範による約1時間の講習会が行われた。藤巻師範は基本動作と基本技を中心に指導を行い、正しい姿勢を強く意識することで相手の中心をしっかり捉えることを強調。

閉会式では井出啓之大会実行委員長より高校生演武や講習会に臨む高校生の姿への総評、招待演武をした各連盟所属道場の高校生への謝辞が述べられた。また今後の合気道を含めた高校生活に臨むにあたり「合気道の稽古や勉強で壁にぶつかったときに、できない理由を探さない、できる方法を考える、こんなことを頭に入れてみてください」と締めくくり大会は盛会に幕を閉じた。

第16回全国高等学校合気道演武大会

参加校からの感想

全国津々浦々、たくさんの学校が参加した、今大会。
その参加校を代表して4校と2道場から大会に参加した感想を
写真と共にご紹介します。

千葉県立下総高等学校2年
高内《たかうち》 千愛《ちなり》

　昨年合気道部に入部し、観客席から演武を見学していた私達が、今年の春卒業した先輩たちに代わって無事に演武の大役を終えたことは、まだ夢のような心地です。

　演武の順番が1番目ということもあって非常に緊張しましたが、夏休みに入ってからは毎日繰り返し稽古をしたので、落ち着いていつも通りに演武できました。

　また、本部道場長の演武を目の前で見学でき、正しい姿勢や流れるような動きは私達の今後の目標となりました。全国の高校生仲間と一緒に稽古できたことも、大変良い思い出になりました。

　来年の大会に向けて、更に進化した演武ができるように、一層稽古に励んでいきたいと思います。

山形県立
山形南高等学校2年
小松 慎太郎

　大会では、自分の技の至らぬところを見つけることができました。

　藤巻先生の講習会では、いつも稽古している技と身体の使い方が違うところが多々あり、戸惑いました。

　しかし、本部道場の先生の稽古を、全国から集まった他の高校の人たちと一緒にできたことは貴重な経験で、良かったと思います。

　これからも多くの技にふれあいながら、自分を磨いていこうと思います。

金城高等学校3年
鎗田《やりた》 真颯《ほのか》

私たちは、部員全員で息を合わせ、正確に演武することを目標として準備をしてきました。

1つ1つの技の意味を深く考え、正確に動くことが難しかったです。良い緊張の中で、良い演武ができるよう心を落ち着かせ、部員の心を1つに、今までの稽古を大切に演武しました。

他校の演武や合同稽古では学びや刺激が多く、植芝先生の演武は、迫力に圧倒されながらも引き込まれました。いつかこの様な演武がしたいと、日々一層稽古に精進しようという気持ちになりました。

金城高等学校合気道部は、今年度をもって創部32年の歴史に幕を閉じます。先輩方の築かれた伝統を受け継ぎ、稽古できたことをとてもうれしく感じます。

合気道部に入って本当に良かったです。素晴らしい舞台で演武ができ、本当に素晴らしい経験ができ、忘れられない思い出となりました。

目黒学院高等学校3年 草薙《くさなぎ》 咲和《なごむ》

高校入学から始めた合気道ですが、14回の笠間大会から15回、16回と3年連続で演武大会に出場していました。毎年楽しみにしている模範演武も、昨年の道主先生、そして今年の本部道場長先生の演武を目の当たりにできて、本当に感動しました。また、もう1つの楽しみである講習会では、初めて稽古する人達ですが、合気道を愛する気持ちがお互いにあるとわかると自然に仲良くなれるのがとても不思議でうれしい瞬間でした。

今回、高校最後の演武でしたが、この3年間を振り返ると、暑い日も寒い日も、先輩後輩、顧問の先生に支えられてきました。

特に今年の夏に本部道場で初段審査を受けて合格したことが心に残ります。あの審査とそれまでの稽古に比べれば、他に辛いことなどないと思います。受験でしばらく稽古から離れますが、勉強だけでなく心身の鍛錬も続けていきたいです。

朋清会白井道場 高校1年　佐藤凜太朗

　全国高等学校合気道演武大会の招待演武に参加させていただきありがとうございます。

　小中学生の時は、錬成大会に参加していましたが、高校生になっても全国高等学校合気道演武大会に参加できたことをうれしく思います。同世代で合気道の稽古に励んでいる仲間が大勢いることを、心強く感じました。

　本部道場長の演武を間近で拝見することができ、私たちの目標が定まった感じがしました。また、本部の先生方のご指導を受けて、今後の稽古の参考になったように思いました。

　私たちの青春のひとときを、意義ある貴重な経験にすることができました。今回の演武大会で学んだことを活かし、合気道という素晴らしい武道に出会えたことを誇りに思い、これからもがんばっていきます。

和光道場 高校2年
寺本宗正

　今回は、第16回全国高等学校合気道演武大会にお招きいただき、誠にありがとうございました。

　私にとっては、1級になって初めての演武大会でしたが、良い緊張感をもって臨むことができました。

　今日、実際に演武をしてみて感じたことは、学校によって様々なスタイルがあるということです。とても驚かされました。

　講習会では、他校との技の違いに畏怖の念を抱きつつも、学ぶもの、得るものが多く、非常に有意義な時間を過ごすことができました。

　また、本部道場長の演武を見て、いつか私もあのような技や受け身をとれるようになりたいと思いました。

部活動レポート3

山形県立山形南高等学校

山形南高校合気道部のみなさん

合気道の魅力を寸劇で披露！

文武両道の校風が育んだ質実剛健な部

山形県内唯一の高校合気道部にして、毎年揺るぎない人気を誇る山形南高校合気道部。人気の理由と創部46年と長い歴史ある部のルーツや部の特徴などをご紹介します。

開祖直弟子の指導を受けた、歴史ある部

自然豊かで春夏秋冬の気候がはっきりした山形盆地。その中心部にある市街地に、県内唯一であり、毎年変わらない人気を誇る合気道部がある。創立75周年迎える山形県立山形南高等学校（以下南高）の合気道部だ。国公立大学への進学率が県内トップクラスであり、加えて、全国レベルの部活も多い、文字通りの「文武両道」の高校だ。

合気道部は、開祖植芝盛平氏の直弟子である白田林二郎師範（九段、ご逝去により十段）の指導を受けた南高生が、昭和46年に発足させた。

現在指導を担当する櫻井常晴師範は、大学在学中から前述の白田師範から指導を受けてきた。数学の教師として昭和62年に南高に赴任し、合気道部の顧問に。転勤により数年間南高を離れた時期があるが、指導者として戻り、計28年もの間、合気道部の指導に携わってきた。部員の1人は「技の角度など丁寧に分かりや

櫻井師範の熱心な指導

丁寧な斎藤コーチによる指導

白田師範自筆の「正勝吾勝」の前で國松顧問と小松部長。櫻井師範は稽古の際に折に触れて説明する

すく教えてくれ、尊敬しています。技をかける姿は綺麗で感動します」と語る。

メニューは師範やコーチが作成、演武大会や昇級試験の時にはその対策の練習になるが、通常は基本を中心に教えている。部員数は現在、2年生15名、1年生5名（3年は引退）だ。部員数は、去年は30名を超えたため、84畳の畳の上で、練習時に混み合ってしまうこともあった。そのため、今年の1年生は、大々的な勧誘を控えたとのこと。

部員の特徴を、小松慎太郎部長（高2）に尋ねると、「技を磨きたい部員と勉強の息抜きとして楽しむ部員と2パターンに分かれます。部員同士が仲良く、活発で明るい雰囲気です」と話し、櫻井師範は「真面目な子が多く、仲が良い。みんなで相談して決める雰囲気があり、礼儀もしっかりしている」と語る。

人気の理由は、「両立」と「知名度」

毎年合気道部への入部が活況な理由を、顧問の國松先生はこう話す。「本校は部活動が盛んで、レギュラー争いがあったり、夜遅くまでの練習や土日も活動する部活も多い。合気道部は、全員参加できる演武や、2時間きっかりで練習が終わるなど勉学との両立が取りやすいのではないか」

一方、櫻井師範は「合気道部は数年前から、南高祭で寸劇をしている。それが、合気道部の知名度をあげているのではないか」と分析。南高祭は地元の方を含め4000人近くを動員し、大変な熱気で盛り上がる一大イベント。部の出し物の寸劇では、桃太郎などのパロディーで演武を披露し合気道を紹介する。脚本から演出、小道具まで部員たちで準備する。

小松部長に今後の目標を尋ねると「修学旅行やテスト週間など練習時間が確保できない期間もあり、土曜日の練習を始めました。段の取得に向けてがんばっていきたいと思います」と意欲に燃える。

最後に、櫻井師範が指導の際、大事にしていることを紹介したい。「世に出ると厳しいこともある。その時に、自分自身に打ち勝ち、自分の力で道を切り開いていかなくてはならない。稽古に毎日出てコツコツ継続すること自体、能力だと思う。勉強にも何にでも通じる、自身に勝ち、継続する力を、稽古で身につけてほしい」。

文武両道を目指し、真面目に誠実に取り組む南高の部員達、そして、合気道の志を熱く指導し続ける指導陣。この両者の日々の稽古が、自分に打ち勝つ質実剛健な精神を育み続けるのだろう。（取材・文　福井万里）

学校の声

奥山 雅信 先生

山形県立山形南高等学校校長

本校は、高いレベルでの「文武両道」をめざす男子だけの進学校です。

部活動は、運動部・文化部ともに盛んで、毎年インターハイと全国高校総合文化祭に出場しており、昨年はバスケットボール部が全国3位に入賞しております。

また、生徒の間には「認め合いの文化」があり、運動部・文化部ともに生徒は誇りを持って活動し、お互いの活動を尊重し認め合う関係にあります。

こういう中にあって、合気道部は、運動部の中で唯一勝敗を争わない武道で、「世界平和を求める理念」「争いを否定する精神」「相手と相和する哲学」を持つ「和の武道」を追求することに日々励んでおります。生徒は、そのことに誇りと楽しみを感じており、この部活動を通じて、相手に敬意を払い協働する心や豊かな心を育み、社会に有為な人材に育ってほしいと思っています。

1つ1つの技を確認しながら稽古に励む

がおられ、空手は金谷國彦和道流八段がおられ、剣道は番場馨教士七段がおられますので、お願いして指導者をお引き受けいただきました。柳生新陰流剣道と穴澤流薙刀は、未熟ながら私が指導することにいたしました。

そこで合気道ですが、合気道には、日本古来の柔《やわら》の技がほとんど包含されているうえに、受け身をとるときにお尻からつけば安全な武道ですので、ぜひ採用させていただきたいと願い、植芝守央道主にお目にかかって、最高の指導者の派遣をお願いいたしました。道主は、快くお引き受け下さり、現在、金澤 威本部道場指導部師範（七段）を中心に、鈴木俊雄同指導員（五段）、小山雄二同指導員（五段）、日野皓正同指導員（五段）、梅津 翔同指導員（四段）から御指導をいただき、心から感謝いたしております。お蔭様で、選択者の人数としては、いつもトップを争う大勢の中学生が合気道を選択し、武道の授業を楽しんでおります。

広くて綺麗な恵まれた武道場での授業

学校授業レポート⑪

新潟県 加茂市

平成24年度から、学校授業における
武道必修化にともない、
合気道を採用する学校が
増えています。
今号でご紹介するのは
新潟県加茂市。
市内5校の全中学生を一堂に集め、
幅広く武道に触れ合える
授業づくりに取り組んでいます。

どを包含する武道

加茂市における武道の授業と合気道

新潟県加茂市長 **小池清彦**

加茂市の武道の取り組みについて書かせて頂く前に、自己紹介をさせて頂きます。

私は、高校と大学で柔道を稽古いたしましたが、大学4年生の後半に、柔道と併せて、合気道と空手もやってみたいと思いたち、授業のほかは、武道に明け暮れるような日々を過ごしました。合気道は、田中茂穂先生の御指導をいただき、また、大学の同級生であった亀井静香氏が合気道部の主将でしたので、一緒に楽しく稽古いたしました。

大学卒業後、防衛庁の内部部局で前半生を過ごしましたが、早速、合気道部に入り、数年稽古いたしました。藤平先生や多田先生や田村先生の御指導をいただき、植芝盛平先生と吉祥丸二代道主の演武も、たびたび拝見させていただき、まことに有難いことでございました。

そして現在、植芝守央道主が合気道を正しく継承し、発展させておられ、充央若先生も正しい道の継承・発展に尽力しておられるお姿を拝見し、深い感銘を受けております。

大学卒業後、縁あって吉田重成先生に師事して、柳生新陰流、小野派一刀流、二天一流の刀法と林崎流の居合、穴澤流薙刀、管流槍術を学び、同時に王樹金老師に師事して太極拳、形意拳、八卦掌を学び、未熟ながら今日まで稽古を続けております。

平成24年から、文部科学省より必修として武道の授業をスタートするとの決定がくだされたことを受け、これは大変なことだと思いました。

武道などというものは、必修として中学生全員がやった場合、大きな危険を伴うものだからであります。たとえば、柔道に於いて未熟な指導者の下で、か弱い女子生徒を投げ落とすような練習をさせたら、大けがをする危険があります。

そこで加茂市では、市内5校の全中学生を10月の1カ月間、各学年毎週1日ずつ、武道館でもある下《げ》条《じょう》体育センターに集まってもらい、適性や好みに合わせて6種類の武道を選択してもらうことにいたしました。

次は、指導者です。幸いに加茂市には、第2回世界学生柔道選手権大会で優勝された水信健八段

丁寧な指導に真剣なまなざしの生徒たち

準備体操も入念に

合 気 道 は 日 本 古 来 の 柔 の 技 の ほ と ん

大人になっても心に残る授業を目指して

加茂市教育委員会 学校教育課学事係長 **吉田 国義**

加茂市において選択制の武道授業が実施されてから今年で8年目です。

この間、市長の「より安全に、かつ限られた時間の中であっても武道の神髄に触れることのできる授業を」との想いの下、学校や関係する方々と連携を図り、また各武道の先生方からご協力をいただきながら、武道授業の実施にかかる様々な課題を1つ、また1つと解決してきました。

そもそも加茂市には、秀逸な講師が多くおられたことや、市内中学校の生徒を一堂に会することができる会場や生徒を送迎できるスクールバスが整備されていたことなど、授業を実施するための好条件が揃っていました。しかし、初めての試みということもあり、いざ取り掛かってみると、生徒700人分の道着や用具の準備、それらの使用後の管理、選択希望の取りまとめ、生徒の送迎や救護体制の確認、更衣場所の確保や名簿の用意など、やらなければならないことが多岐にわたりました。

これらの課題に取り組む中で、行き詰まることも何度かありましたが、子ども達の成長を垣間見る瞬間や、先生方が「生徒1人ひとりと心を通わせたい」と熱心に指導されている姿からエネルギーを貰いました。

今もなお試行錯誤を繰り返す課題もありますが、武道授業がより一層充実し、生徒たちにとって「大人になっても心に残る授業」となるよう、今後も努めていきたいと思います。

2人一組で相手のことを考えながらの稽古

指導者と連携を図りながら推進する合気道授業

加茂市立若宮中学校 保健体育科教諭 **白川 亮治**

我が校では、普段、授業以外で武道を経験したことのある生徒は、少ないのが現状です。難しそう・痛そう・投げ合うのが怖いなどのマイナスのイメージを持つ生徒も見られます。

加茂市で行う武道授業は、5月に武道の演武会が開かれ、6種類ある中の1つを生徒が選択して授業を受けます。合気道の専門家による演武の後には拍手が起こり、本物への敬意と、生徒の合気道への関心が高いことを感じさせられます。

専門家による本物に触れることのできる合気道授業は、分かりやすく安全な技の段階的な指導はもちろんのこと、礼儀作法や互いを思いやって練習する心の部分も大切にしながら授業を進めてくれます。自分のために半分、相手のために半分の精神を忘れず、互いに高め合うことを心がけ、練習に取り組んでいる生徒の姿はとても素晴らしいと感じます。生徒の学習カードを見ると、習った技の自己評価もさることながら、礼儀作法や互いを思いやって活動を進めていく心の部分を記入する生徒が数多く見られます。

合気道本部道場の指導者による、専門性の高い技の見本やポイントの解説は、生徒の関心・意欲を引き出し、合気道授業をより楽しみながら取り組むことができるものだと感じます。また、合気道の伝統的な考え方や精神を学び、互いに鍛え合い、学習に取り組むことができるこの授業は、生徒にとって大変有意義であると考えています。

合気道の授業を受けて

加茂市立若宮中学校3年 坪谷茉南

私が合気道に出会ったのは、中学校1年生の武道演武会でした。見たときは、痛くて怖そうだと思いましたが、護身になるよと母に勧められ選択しました。

私たちの武道授業は、10月に週1回市内の中学生が集まり、外部講師の方が指導してくださるので、とても充実しています。私は3年間、合気道を選択して、基本の受け身から技などをたくさん経験することができて、とても楽しかったです。合気道をする中で勝ち負けがないこと、また、1つ1つの技が相手を傷つけないようにできていることを教わりました。この合気道の授業を通じて、想いやりを持ってお互いを尊重し合うことと、周りへの感謝の気持ちを忘れないことを学ぶことができました。

全体をくまなく回りながらの指導

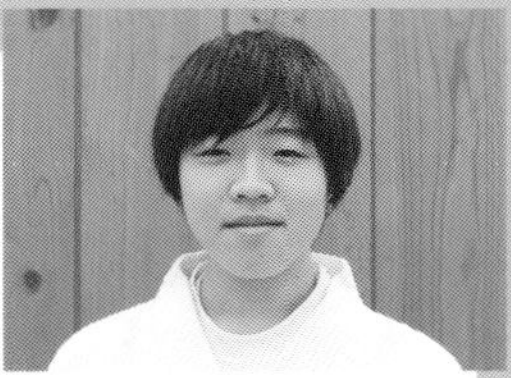

合気道を学ぶ

加茂市立葵中学校3年 西脇 凌

僕は、加茂市での武道の授業で、3年間合気道を選びました。初めて合気道を演武会で見て、最初は興味本位で体験してみたいな、という気持ちでした。

授業が始まってからしばらくは、楽しさや奥深さをなかなか理解できませんでした。しかし、授業を進めていく中で、「相手を思いやることの大切さ」を学びました。

これは、技をかける時や、受け身をするときに、何よりも大切なことです。それを意識して練習すると、どんどん楽しくなってきました。

そして3年目の今年は、「もっと多くの技を学びたい」と思いながら、積極的に学習に取り組めるようになりました。

授業の中で、合気道は日本だけではなく、海外でも広く行われていることを知りました。授業で学んだことを生かして、いつか合気道で世界中の人と交流できたらいいな、と思っています。

わからないことは1つ1つ丁寧に指導

【上】生徒とともに真剣に取り組む
【下】技の稽古も一緒に

合気道本部道場長 植芝充央
受け：里舘 潤（本部道場指導部指導員）

誌上講習会 第4回

●正面打ち第一教（座技）表・裏 ●正面打ち小手返し

植芝充央本部道場長が各地で行っている講習会を、合気道探求誌面にて完全再現する企画『誌上講習会』。今号は固め技の基本となる第一教の座り技と、投げ技・固め技を組み合わせた、合気道を代表する技の1つである小手返しを学びます。

5〜6 受けの腕を斬り下ろしながら膝行で前進する。

5

6

7

跪座になり、うつ伏せに抑え制する。

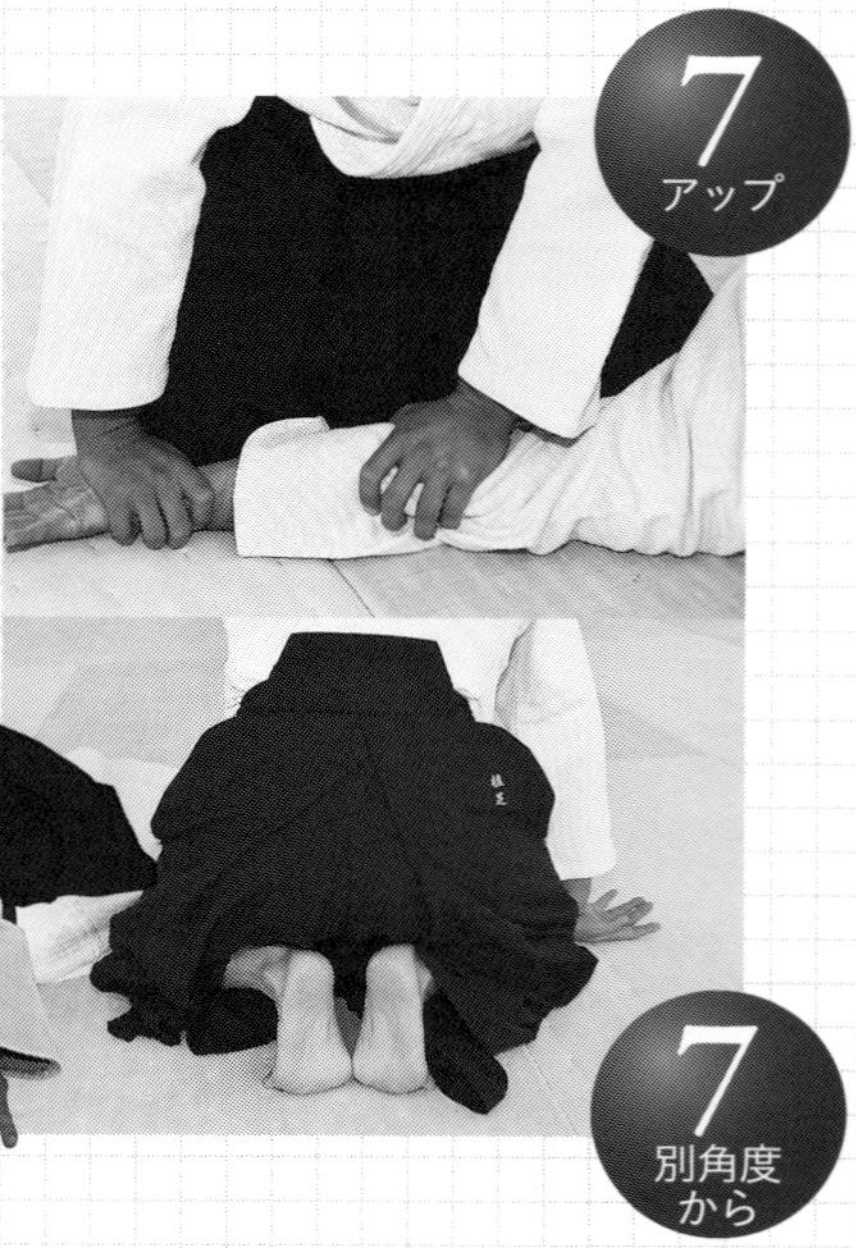

正面打ち
第一教（座技）表

1 座して相対する。

2

3

2～3 受けが手刀を振り上げると同時に、取りは右膝を斜め前に開きながら、手刀で受けの手刀を制し、もう一方の手で肘を制する。

4 膝行で進み受けの肘を丸く返す。

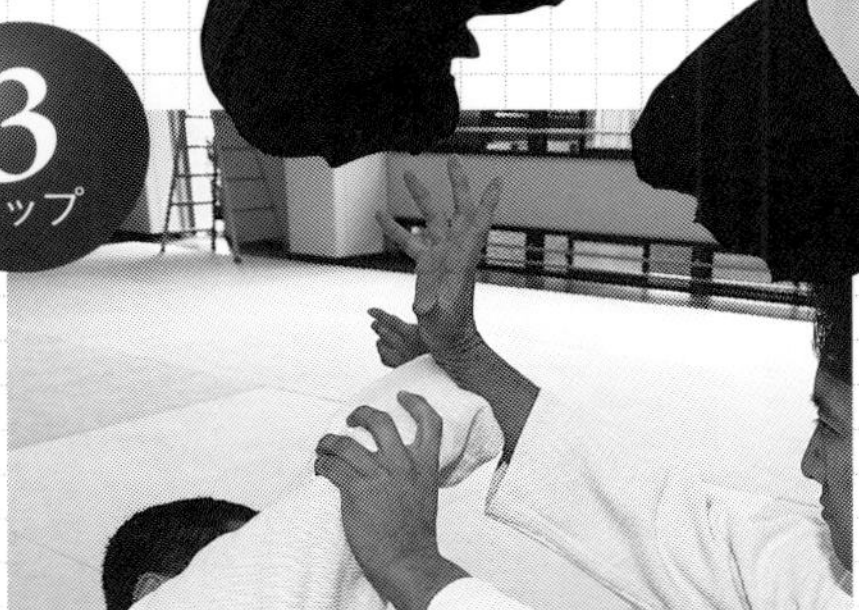

3 アップ

3 別角度から

1 座して相対する。

2

受けが手刀を振り上げると同時に、取りは側面に入身し、受けの肘を制し、もう一方の手刀で受けの手刀を制する。

2 別角度から

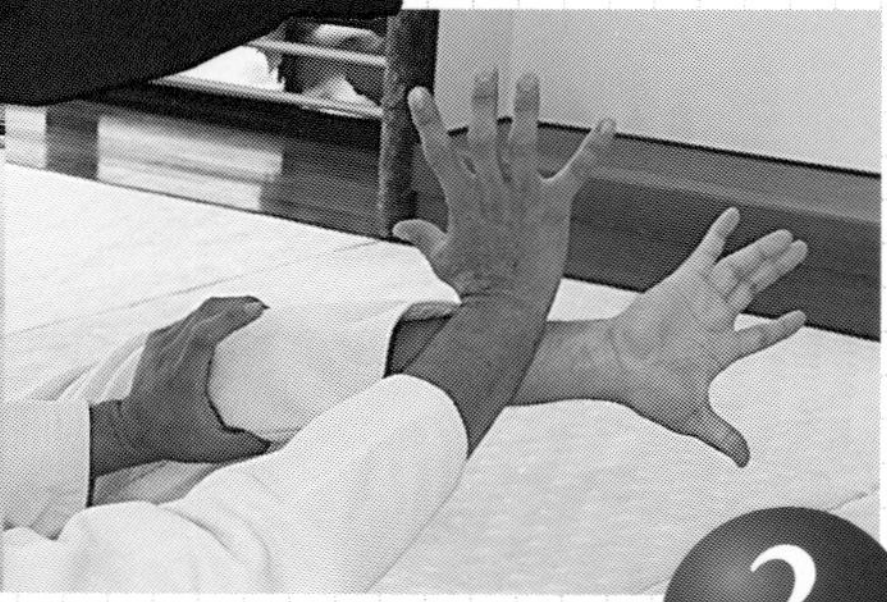

2 アップ

正面打ち 第一教（座技）裏

内側の膝を軸に転換し、
斬り下ろす。

3

4

さらに転回しながら斬り
下ろす。転換〜転回は、
一連の流れで行う。

5

跪座になり、うつ伏
せに抑え制する。

正面打ち小手返し

1 相対する。

2

4 アップ

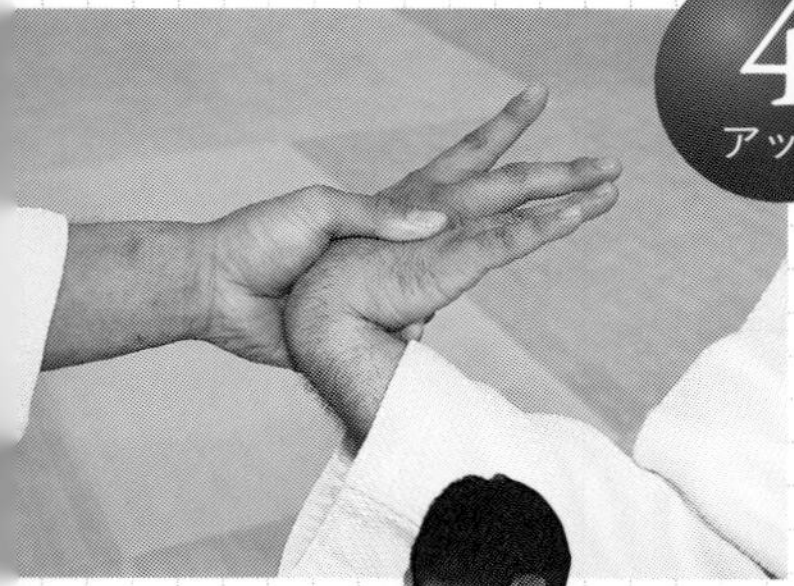

4

3 別角度から

3

3 アップ

1〜3 受けが手刀を振り上げ、取りの正面を打つと同時に取りは後足を側面に入り身し、転換して体を捌き、受けの小手を制する。

7〜8 受けの小手と肘を制しながらうつ伏せに返し、両膝で受けの肩をはさむように跪座になり、肩関節を極め制する。

4〜6 取りは前足を開きながら受けの小手を返し、もう一方の手を受けの小手に当て、足を進めながら両手で下方に投げる。

合気道ゆかりの地をめぐる

東都、そして合気道への歩み【東京都】

合気の道をいのちがけで進む

上京後、連絡所とさせていただいていた梅田邸から次に移ったのは、品川の森村市左衛門氏（日本陶器合名会社、のちのノリタケや森村学園の創設者）からご提供いただいた森村邸の敷地内の一軒家でした。

この辺りは、現在、高級マンションが林立していますが、当時は岩崎彌之助氏の高輪本邸（現・三菱開東閣）や明治天皇の皇女の嫁ぎ先である北白川宮邸や竹田宮邸などが立ち並ぶ一画でした。

開祖の東京における武道家としての地盤は磐石で、一点の曇りもないようでしたが、この頃から開祖は胃腸や肝臓に変調をきたしていたようです。開祖はそこでいったん綾部に戻ると、体調回復につとめます。

しかし、東京で開祖の手ほどきを受けた方々からの開祖の上京を望む声は、日ごとに高まるばかりでした。

昭和2（1927）年、ついに開祖は一家をあげ上京することを決意します。

開祖が東京で初めて居を構えた白金猿町あたり

島津公爵邸下屋敷の往時を偲ばせる清泉女子大学本館

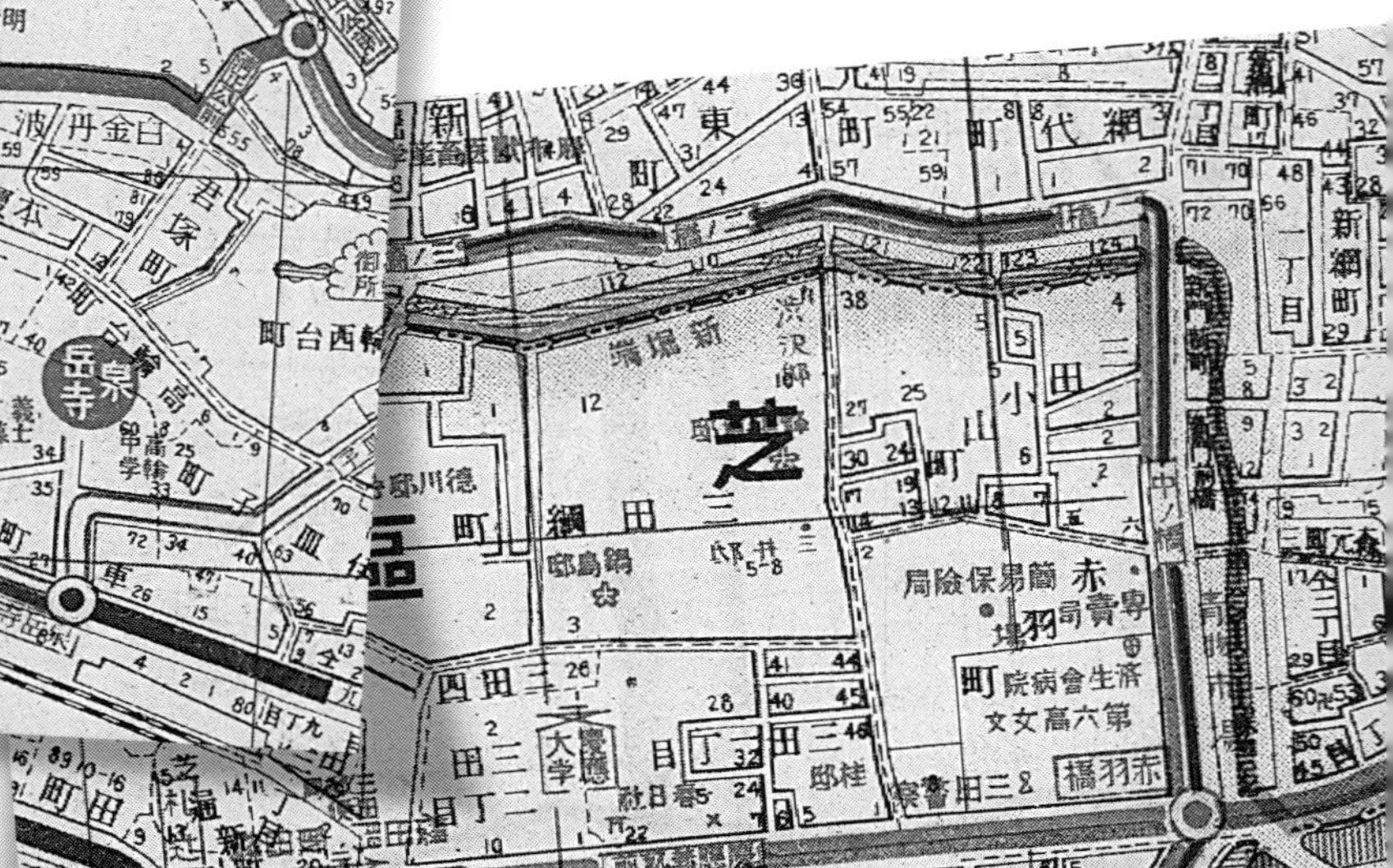

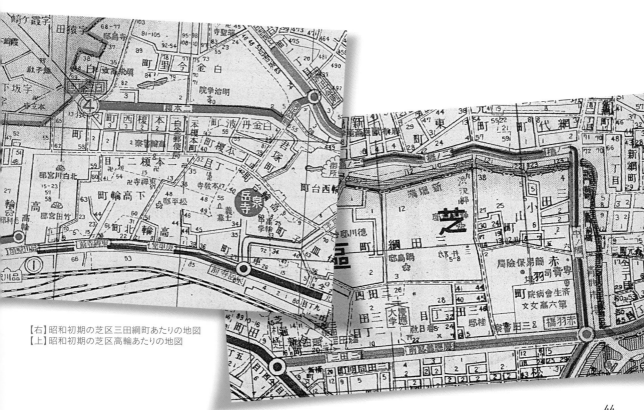

【右】昭和初期の芝区三田綱町あたりの地図
【上】昭和初期の芝区高輪あたりの地図

【上右】島津公爵邸下屋敷道場で、稽古後の記念撮影。前列の男性左から下條小三郎、開祖、竹下勇海軍大将（昭和2年）
【上左】花柳寿美社中に指導する開祖（昭和10年）
【下右】海軍関係者との交友も多かった開祖（昭和12年ごろ）
【下左】内海勝二男爵邸にて、前列左2人目から竹下勇大将、開祖、下條小三郎、浅野正恭中将、1人おいて山本清、内海勝二男爵、開祖の前の少年は吉祥丸二代道主（昭和3年）

【上】樹齢300年を超すといわれるむくの木の前で石渡靖副校長と道場長
【下】吉祥丸二代道主が通われた赤羽小学校

第一歩を 芝区白金猿町に記す

山本伯爵の嗣子清氏のはからいで芝区白金猿町に上京後、初の居を構えました。少し遅れて上京した妻と吉祥丸二代道主にとっては、ゆったりとした綾部での生活に比べると、東京での住環境には、少々、驚くものがあったようでした。開祖上京の第一歩、白金猿町の町名は現在、小さな公園に残るだけとなっています。

翌年、内海勝二男爵が芝区三田綱町にお持ちだった借家を提供していただき、道場と住居を移しました。

現在でも慶応義塾大学や綱町三井倶楽部（旧三井邸）は当時の面影を残していますが、かつては渋沢、徳川、桂とそのお屋敷の名前だけ見ても、当時の町の雰囲気が分かるような一画だったようです。

近くに吉祥丸二代道主が入学から卒業まで通った赤羽小学校があります。当時を偲ぶものは、樹齢300年を超えるといわれる「むくの木」だけですが、いまも子どもたちを静かに見守っています。

「合気道の夜明け」の時期

道場は島津公爵邸下屋敷の玉突き場を改造したものでしたが、ゆうに100畳はあっただろうといわれています。この地も今は清泉女子大学となり、英国人建築家ジョサイア・コンドル設計の建物だけが女子大学の本館として往時を偲ばせます。

三田綱町から芝区車町時代は、まさに「合気道の夜明け」ともいうべき時期で、これまでの門弟に加えて、六代目菊五郎や猿之助、あるいは作家の中里介山など多士済々でした。

昭和4（1929）年、竹下勇大将のお宅のあった芝区車町に家と道場を竹下大将のお口ききでお借りし、移ります。

忠臣蔵の四十七士の墓所として有名な泉岳寺のすぐ横手でしたが、道場は8畳2間をぶち抜いて作ったもので、いかにも手狭で、大きな技を演じれば、せいぜい3組程度が限度だったようです。

ところが、入門者は増える一方でしたので、瞬く間に、ここも手狭になってしまいました。

【上】赤穂四十七士の墓所で有名な泉岳寺
【下】竹下勇大将や開祖も住まわれた懐かしの地、芝区車町

皇武館にて、前列右2人目、二木謙三博士、1人おいて三浦真少将、竹下勇大将、浅野正恭中将、開祖、島津御曹司、畔柳久五郎、1人おいて、高橋三吉大将、吉祥丸二代道主、開祖夫人はつ

合気道
ゆかりの地をめぐって

紀伊田辺、遠軽町白滝、京都府綾部、茨城県岩間と「合気道ゆかりの地をめぐる」という連載企画の最終回として、開祖が上京され、現在の本部道場を建てられるまでの思い出の地を訪ね終えて、改めて胸に去来する思いがあります。

開祖の人生を振り返った時、その生き様は、まさしく武産合気に自らのいのちをかけ、神から授けられたと信じた己の天職をまっとうするために、全身全霊を捧げ尽くしたものであった、と言えるのではないでしょうか。

言い換えれば、世のため人のために無償の奉仕を貫き通したものであったと確信しました。

つねに求道者として

遠軽町白滝に、54戸80余名を引き連れ、未開の原野を切り拓いた当時の開祖のお姿。

綾部での出口王仁三郎氏との出会い、合気道が「術」から「道」へと飛躍する礎となった植芝塾を開いた開祖。

戦時下、「岩間に道を修し野を耕す」と、岩間の地で「武農一如」を実践されながら、道場を建て、合気神社を建て、ひたすら合気道を守り続けられたご苦労。

そして、晴れて東京の地で合気道を日本全国に、さらには世界へ広められていったのは、ひとえに合気道の魅力、さらには開祖の人としての魅力があったればこそと、痛感いたしました。

開祖の背を追い求め

この連載企画のおかげで多くの皆様にお目にかかれ、開祖の思い出を直接伺う機会をいただけましたこと、感謝致しております。

また、どのような状況にあっても、いささかもぶれることなく合気の道を愚直なまでに求められた開祖のお姿が、今、ようやくはっきりと脳裏に浮かぶような思いが致しております。

まだまだ、未熟ではありますが、開祖、吉祥丸二代道主、そして現道主の背中を追いながら、今後も精進していかねばと、改めて決意する次第です。

本部道場長 植芝充央

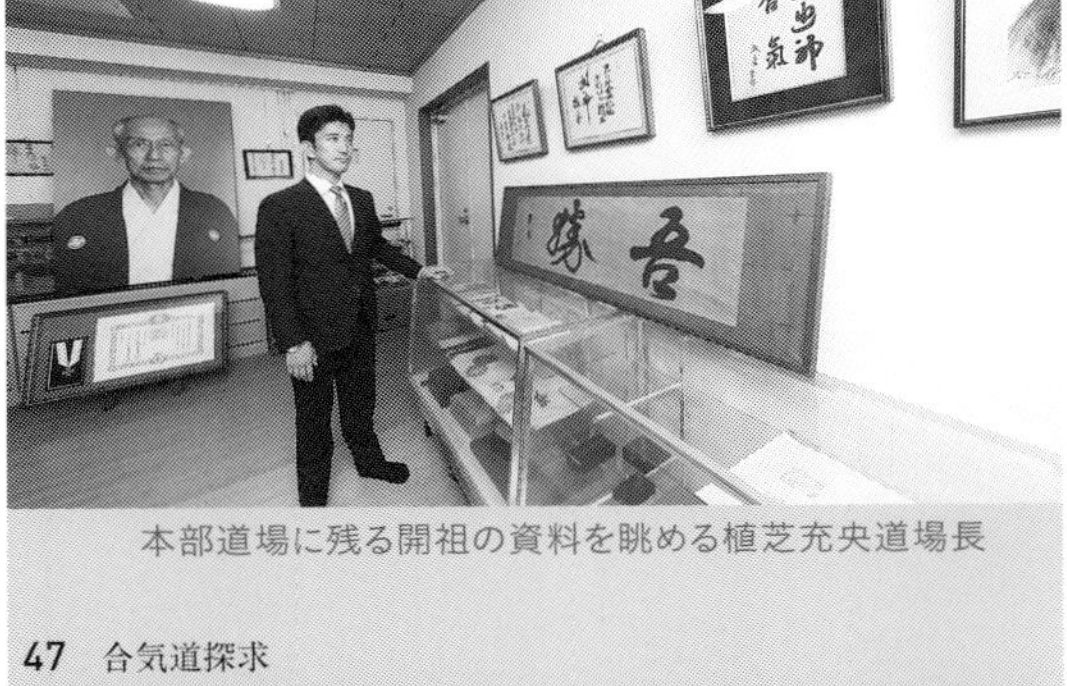
本部道場に残る開祖の資料を眺める植芝充央道場長

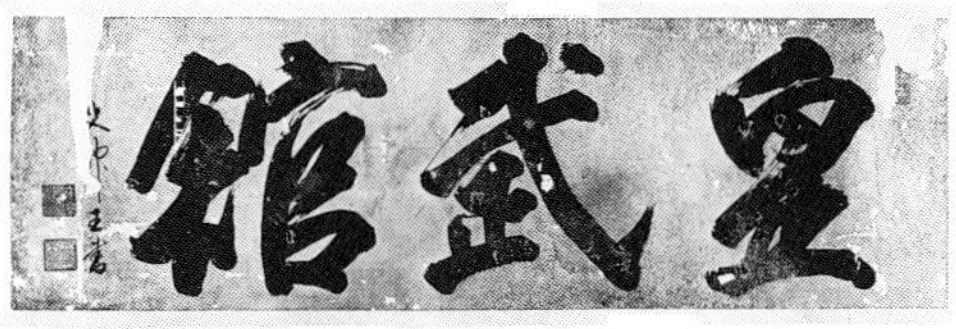

昭和6年、皇武館の道場開きとともに掲げられた扁額

ついに合気道場「皇武館」完成

とうとう芝区車町の家では、稽古に訪れる人たちをさばききれなくなり、当時、稽古に通われていた小笠原家家令、服部氏のお導きで、小笠原家のかつての下屋敷であった牛込区若松町の敷地を入手、本格的な合気道場建設に取り組むことになったのでした。

新道場建設中、目白台に仮住まいで一時期過ごしましたが、ついに、昭和6（1931）年4月、80畳の道場が完成。これが現在の合気道本部道場の前身「皇武館」です。

上京してからわずか5年、開祖の合気道は驚くほどの早さで、あらゆる人たちを魅了し、その心の中にいかに深く浸透していったのか、ただただ驚くばかりです。

若松町の道場建設までの短い期間を追っただけでも、開祖のまさに武産合気にいのちを捧げたその姿勢に、まるで叱咤され、自らの未熟さを痛感する思いで、いっぱいになりました。

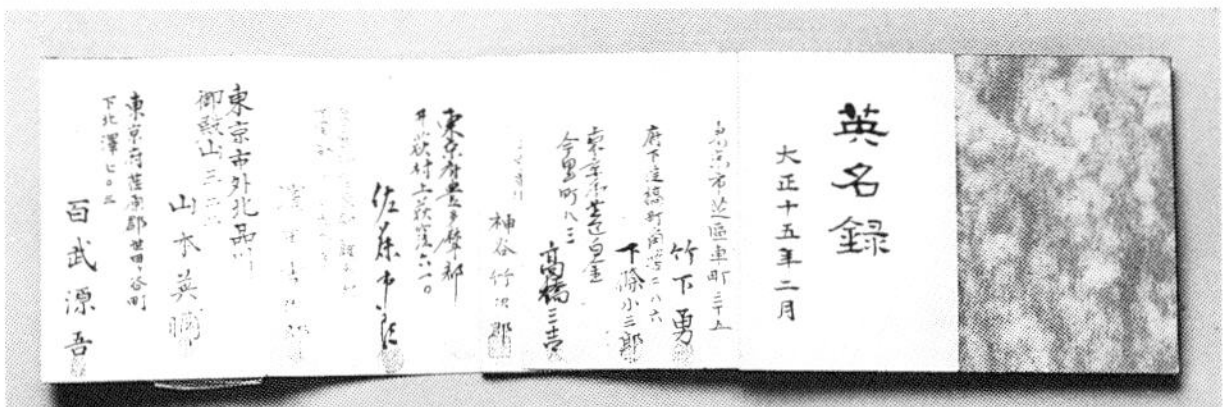

東都における最初の入門者を記した「英名録」

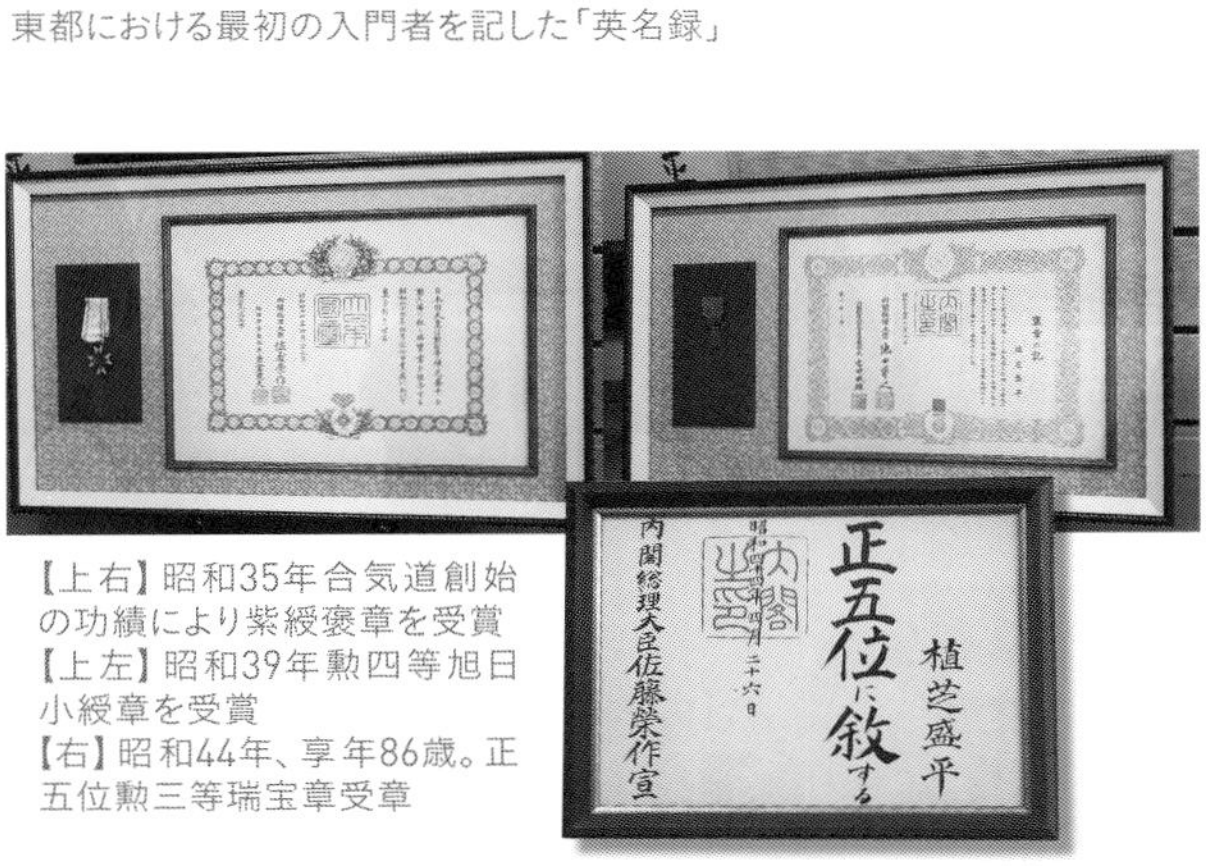

【上右】昭和35年合気道創始の功績により紫綬褒章を受賞
【上左】昭和39年勲四等旭日小綬章を受賞
【右】昭和44年、享年86歳。正五位勲三等瑞宝章受章

稽古は、古《いにしえ》を訪ねて心を寄せる時間であると話す松丸師範。かつて吉祥丸二代道主が話された「合気道は無限」を大切に、日々精進されています。

松丸 裕 七段

師から持てるすべてを授けられ、いつどんな時も怠ることなく、一心に合気の道を歩き続ける。

昭和11（1936）年2月4日生
鍬守道場所属

「武道と縁深き幼少期、そして合気道と運命の出会い」

——合気道との出会いについてお聞かせください。

松丸師範　生家が新宿区四谷で、実家の隣が三船久蔵先生のお宅だったこともあり、子どもの頃から武道には縁が深かったように思います。幼い頃から、受け身だけはできていたように思います。

高校時代のクラス担任が、鍬守道場をお建てになった鍬守尊邦先生の弟の武麿先生だったのです。高校で柔道・剣道を教えていただきましたが、早稲田大学に入学してから、先生に合気道を勧められました。当時は何も知りませんから、鍬守道場に連れて行っていただき、合気道を始めました。

——最初に合気道をご覧になったときはいかがでしたか？

松丸師範　最初に見たのが、山口先生の稽古でした。合気道という武道に対して知識が全くない中で稽古をしに行ったものですから、体の転換などはとても痛いなと思いましたね。

鍬守先生の弟さんに昭さんという方がおられまして、私と同じ早稲田の理工学部だったのです。学校でもお会いして、たくさん合気道の話をしましたね。

「田村先生のすべてを教えていただく日々」

当時は山口先生、田村先生、吉祥丸先生がご指導にお見えになっていて、金曜日の田村先生の稽古は本当に厳しかったですね。いい思い出です。

私も含め当時は学生が多かったものですから、定期試験なんかがあって、勉強で稽古に来なくなった時期がありました。私自身も、試験だから今日はお休みしたいと連絡を入れると、「田村先生がお見えになっていますよ」と言われてしまうんです。そんなときは稽古をお休みすることはできず駆けつけました。

その後も金曜日の田村先生の稽古は私だけでした。そんなとき、田村先生が「あと少ししたらフランスに行くことになった。行くまでに稽古に来るならば、自分のすべてを教えて行く」と言ってくださったのです。それから、真剣に稽古に励むようになりました。先生と私だけの稽古ですから、もうへとへとです。でも、一生懸命教わりました。

当時は朝稽古を週に2、3日、夕方は、4日ぐらい通いました。

「合気道は無限と教えられて」

――翁先生・吉祥丸先生との思い出話をお聞かせいただけますか。

松丸師範　当時、私自身は大学を卒業し、社会人でした。翁先生は当時かなりのお年でした。翁先生に触れられれば、ラッキーという感じでしたね。翁先生が呼吸法のときに「頭を押せ」なんて言われて、触らせていただきました。

吉祥丸先生は、毎月鍬守道場にこられて居間にあった大きな火鉢を囲んで、武道についてなどフランクに色々とお話をさせていただきました。いずれもいい思い出です。

いつだったか、吉祥丸先生が来られたときに、私が指導していた学生が「合気道の技はいくつあるのでしょうか」と吉祥丸先生に聞いたことがあるのです。今思えば、高校生だから聞けたと思うのですが、その学生は「同じ技でも、先生によっておっしゃることが違うことがある」と。そのときに吉祥丸先生は「どの先生の解釈も間違いではなく、それも1つの技であると解釈しなさい」とお話しされました。合気道は、まさに無限なのだと思い、とても印象に残っています。

「教えることは習うこと。いつも学ぶことを怠らず」

――指導に入られたのはどのようなきっかけがありましたか。

松丸師範　当時は、鍬守道場の文徳師範が若くして亡くなり、私が一番古いということで、吉祥丸先生、山口先生からのお口添えもあり、鍬守道場で指導することになりました。

――指導の中で一番大切になさっていることはどんなことですか。

松丸師範　これは、尊邦先生の言葉なのですが、「ムリ」せず「イソ」がず「ナマ」けず。それだけはモットーにしてやっております。

教えることは、難しいですね。かつて山口先生も教えることは習うことなのだとおっしゃられた。嘘は教えられないだろうと。だから、指導者も一生懸命勉強して、教えなくてはならないと。だからこそ、悩むのだと思います。

今の時代、どんな職場でもストレスがあると思います。そんなときでも、研鑽を重ねながら、怠けず稽古をしてみることです。稽古の稽という字は、古を訪ねるという意味らしいですね。稽古時間は、古《いにしえ》を訪ねる場と解釈し、ただ合気道を笑って楽しむだけではなく、古に心を寄せながら丁寧に稽古に励むといいですね。

師範の横顔

教えることは、共に学ぶこと。
今なお心に残る師匠の遺志と言葉を大切にしながら、
日々稽古に修練されています。

五十嵐 雅高 七段

心酔する師、兄弟子の遺志を継ぎ、人生をかけてひたむきに合気の道に精進する。

昭和26（1951）年9月12日生
茨城県合気道連盟 常任理事
ひたちなか合気会 師範

「出会いと感動を繰り返した、合気道」

――合気道との出会いについてお伺いします。

五十嵐師範　学生時代から学んできた武道を、さらに追究しようと柔道と楊心流系の柔術を学んでいました。ある日、稽古日を間違えて道場に行ってしまい、道場主から「今日は合気道の稽古日。せっかくだから体験させてもらいなさい。お前なら受身ができるから大丈夫だ」と言われ、昭和46年9月に初めて体験をしたのが水戸支部道場でした。

その時、故鯉渕憲夫師範（七段、平成13年逝去）と出会い、以後鯉渕さんを兄とも師匠とも慕い、合気の道を歩みはじめました。

――最初に合気道を見たときの印象は？

五十嵐師範　体の転換を繰り返し行う意味と、技の難しさと関節の痛みが印象に残りました。ただ、投げられたときの転がりと爽快感が残ったのは今でもよく覚えています。その後、暫く合気道の稽古を続けることになり、現在に至りました。

その2年後、明治大学生田合氣道部の春合宿があり、特別参加させてもらったのが山口清吾師範との「出会いと感動」でした。またこの時に鯉渕さんの後輩である安野正敏師範とも出会いました。

その合宿で、学生達の貪欲で執拗な稽古熱心さに驚かされました。また、初めて山口師範からご指導をいただいたときの衝撃感覚は今でも忘れられません。

これらの体験から、自分にとって、まさしく人生をかけて学ぶにふさわしいのが合気道だと確信し、鯉渕さんに倣《なら》い山口師範を師と仰ぎ合気道を本格的に修練する決意をしました。

「師・兄弟子との別離。試練の連続の中で」

——指導に入られたきっかけは？

五十嵐師範　昭和48年に鯉渕さんと共に、地元の警察署道場を基点に「勝田合気道クラブ」を発足させました。平成6年、五段に推挙していただいたのを機に「指導者としてやってみないか」と言われ、部分的に指導を任されるようになりました。

　指導の方法については、鯉渕師範を身近に学ばせていただきました。「見て学べ・身体で学べ」という方針でしたが、師範や先輩、道友への礼節や所作他きめ細やかな心配りのあり方を、ご自身みずから処しておられました。

　その後、山口師範が他界され、さらには鯉渕師範が病にて急逝され、悲しみから立ち直れない状態の折、安野師範はじめ様々な方から「鯉渕さんの遺志を継ぐのは他にいない」とお声かけいただき「運命」と覚悟しました。現在も多くの方の協力と支援をいただき続けています。

　ですが、ここから仕事との両立など試練の連続で、本当の意味での自分との闘いでした。このときに思い出したのが、山口師範の「合気道の稽古鍛錬も、道に遊ぶようにゆうゆうと行うのが大切だ」という言葉です。この言葉を思い返し「ゆうゆうと道に遊ぼう」と決心した次第です。

　振り返ってみると、この時の試練が自分を大きく変えてくれたとも思います。

——指導で一番大事にされていることとはどんなことですか？

五十嵐師範　心がけているのは「わかり易い言葉や表現で伝え、相手の立場になって共に考え、楽しい稽古ができるような環境づくり」です。

　また「柔軟に手足を大きく動かし、常に胆を意識して重心をさげる。シッカリ見て・立ち・座り・掴み・抑える。受けは、シッカリ攻撃し、受け身を取る。そしてその感覚を技に生かせるように稽古しよう」です。

　指導することは学ぶことであり、それなりの苦労はありますが、それぞれが合気道を通じ人間として共に成長していけるのがとても楽しみです。

　少年部で指導した子が社会人となり稽古を再開したり、親となってその子どもが少年部に入門したり、夫婦や親子で稽古する会員もおり、頼もしく感じています。

「立ち止まっても、続けていくことの大切さ」

——今後の目標などはありますか。

五十嵐師範　ひたちなかも有能な高段者が増えてきました。次世代の指導者育成のため、指導場所や動機付けの提供を心がけ、共に精進していきたいと思います。

——合気道を頑張っているすべての方に、メッセージをお願いします。

五十嵐師範　安野師範の言葉ですが「無意識に技が出せるまで稽古せよ。無意識の中の意識を大切に」。

　また、稽古日誌をつけて、稽古で指導を受けた言葉や学んだことなどを記録してみるといいでしょう。稽古が身につきますし、頭や心の中が整理されます。自分の合気道人生の財産になってくるので、ぜひお勧めします。

　どのような方でも、迷いが生じたり、ふと立ち止まることがあると思います。「継続は力なり」……いつかは見えないものが見えてきます。また、できないことが、ふとできるようになる時が必ず来ます。素晴らしい合気道をぜひお続けください。

主道場での稽古指導

戦後の合気道を語る

第一回

【語り】多田 宏

合気会本部師範

合気道は、現在世界１３０の
国と地域にまで広がっている。
しかし今に至るまでの道のりは、
一朝一夕のものではない。
終戦後の混乱の中にあっても廃れることなく、
国内のみならず、海外でも
支持される武道に発展した合気道。
それは先達の並並ならぬ努力と、
強靭な意思があったからこそ
成し得た偉業であった。
戦後70年以上の時を経た今だからこそ、
語り継ぎ後世へと残したい合気道の歴史を、
師範の半生とともに語っていただく。

多田 宏（ただ ひろし）

昭和4年12月14日生まれ。東京都出身。昭和25年、早稲田大学在学中に植芝道場に入門し、合気道開祖植芝盛平翁、植芝吉祥丸二代道主に師事する。イタリア合気会の設立をはじめとする合気道のヨーロッパ普及に尽力し、現在も精力的に活動している。合気会本部師範、自由が丘道場・月窓寺道場師範、早稲田大学合気道会・東京大学合気道気錬会名誉師範。イタリア合気会-日本伝統文化の会Direttore Didattio（主任教授）、国際合気道連盟高等委員。合気道九段

合気道・植芝道場に出会うまで

——運命の前夜

私が大先生、そして合気道と出会ったのはまだ東京が焼け野原同然だった戦後間もなくのこと。それから70年近くが経ちましたが、この間に私が体験してきたことは、そのまま合気道が歩んできた戦後の道のりと重なるところが多いかと思います。私の半生も振り返りつつ、私が見聞きしてきたことをお話ししましょう。

私は、本郷にあった東京帝大の病院で生まれました。昭和4（1929）年、世界恐慌の年です。父が学生時代に住み、好きな場所だった本郷西片町に、三歳まで住んでいました。その後自由が丘に移り、青山師範附属小学校、第一東京市立中学に通いました。

武芸との出会いは、家伝としての弓ですね。曽祖父が日置流竹林派蕃派の達人で、父にそれが伝わっていました。子どもの頃は、家の庭で巻藁相手に父から教えを受けたものです。弓でも、「不必要な力を抜く」という武芸の基本は同じ。父が戦争で応召されたため、弓を極めるというところまではいきませんでしたが、そういった素養を学ぶことができたように思います。

植芝先生のことは、幼少の頃から父や親類から聞いていましたから、早稲田大学に進学した頃には、植芝道場にも伺いたいと思っていました。ただ、随分と探したのですが場所がわからなかったのです。

そんな折、不思議な縁で当時の大学空手部武田主将の知り合いで、植芝先生の書籍の挿絵を描いておられた国越孝子さんという方から植芝道場の場所を聞くことができ、無事にたどり着くことができました。入門を果たしたのは、昭和25（1950）年3月4日のことでした。

【右】昭和30年頃の多田師範
【左】昭和25年夏、旧植芝道場にて。前列左から 小西康裕氏（空手家）、1人おいて榎本春之介氏（榎本武揚氏の子息）、植芝盛平先生、植芝吉祥丸先生、大澤喜三郎師範。中列2人目奥村繁信師範。後列2人目多田師範

開祖との邂逅
——雄大な世界観に魅せられて

入門初日のこと。午後6時を過ぎると、剣道着か柔道着に袴を着けた生徒が準備運動に入りました。6時半になると、植芝吉祥丸先生のご指導で、稽古が静かに始まったのです。

すべてが初めて目にするもので、何をしているのかは分かりませんでした。ただ、互いが座った姿勢や半立ちの低い姿勢から、するすると淀みなく流れるように動くことが強く印象に残ったのです。道場全体の雰囲気は、とにかく相手を遮二無二倒すという心持ちではなく、丁寧に物事の本質を学ぶような感じでした。

間合いのとり方や掛かり方、音を立てない受け身など、初めて見る稽古法ばかりでしたが、全体を通じて何かの法則があるように思いました。

未だ何かわからないものの、自分の知らない世界が目の前に大きく広がっていることを感じました。

植芝盛平先生にお会いしたのは、入門から2日後のことでした。かねて噂に聞いた大名人と言われる先生を前にして、生まれて初めて感じる、不思議な心の感動を覚えたことを今も思い出します。

先生の背丈は私の胸の上ほど、彫りの深いお顔で、頬骨が高く鼻が大きい。長く白いあごひげが、胸の襟の前まで垂れていました。紫か、深い青か、そんな色に見えた大きく澄んだ目に射抜かれた私は、長い間心の奥底で求め、望んでいたと思われることが目の前に現れたような心持ちがしました。

そしてその一連の所作は、植芝先生唯一無二のものでした。ひとりだけ別の世界、別の次元で動いている、そんな感覚です。それでいて毎朝の演武に決まった型というものはないのです。植芝先生は当時66歳でしたが、その動きは誰よりも活き活きとして、若々しくも見えました。一瞬にして相手を制する動きの中にも、精神的に道場にいる人々すべてを包む温かい雰囲気があったことも印象的でした。人間がもっと進歩したなら、この先生のようになるのでは、そんな理想形を見た気がしたのかもしれません。

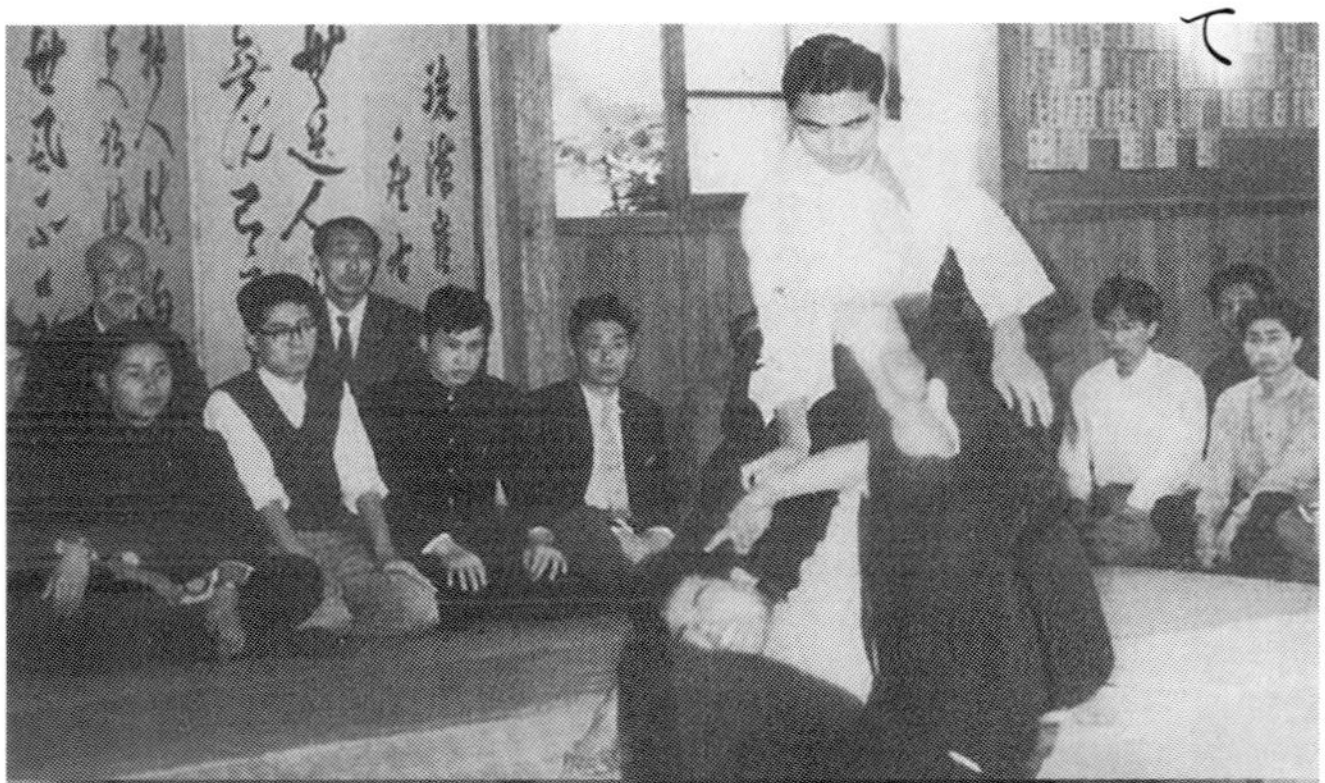

【上】昭和30年頃、植芝道場で行われた演武会にて
【下】昭和30年頃、杉山道場にて。前列左から 多田師範、大澤喜三郎師範、杉山三郎氏(元財団法人合気会理事)、植芝盛平先生、植芝吉祥丸先生。中列左から 小林保雄師範、山田嘉光師範

昭和31年頃、植芝盛平先生、受け多田師範

「武道とは生き方である」

——大先生の教え

　本部道場以外でも、植芝先生のお供で地方の道場をめぐることがありました。一番機会が多かったのは、植芝先生の出身地でもある和歌山の田辺ですね。

　本部道場でも支部道場でも、植芝先生の稽古の進め方は同じでした。常に道場が先生を中心にして活き活きと呼吸し、真剣でありながら対立を超えた温かい雰囲気が漂う、霊妙な世界。先生の所作の躍動的で勇壮な安定感に、自ずと浸されるようでもありました。

「武道は技術ではない。武道は生き方なのだ」

　先生のこのお言葉どおり、合気道の稽古は、日常の心の持ち方、生き方を大切にするものです。指導の言葉は丁寧に、明瞭に行動し、動作は悠々と行うといったことが前提となります。これは、日本武道の根本である「心学の道」「心法の道」を学ぶ者にとっての、基礎を築くことにもなります。

　先生にはよく叱られました。そのひとつに、「作ってはいけない」ということがありました。「作る」とは、まだ本当は崩れていないはずなのに、受けが勝手に体を崩れた形にしたり、手を離したり、動いたりすることです。では、なぜ「作るな」と言われるようになるのでしょうか。それは技に慣れたためぼんやり行っているか、意識的に頭で技を追っているためで、白紙のような気持ちで素直に行っていないからなのです。つまり「作るな!」とは「スキがある!」と怒られたのと同じだったのです。

　日々の修練でこうした学びを得て、心の中に「コンパス」がついたように思います。子どものときから親しんできた武道の教えの先に目には見えない広大な世界があり、それが日本文化に深く根ざしたものであることがわかったのです。さらに、この道をよく研究すれば、今後の世界でも重要な人間の生き方につながっていくのでは、と思い至りました。

開かれた合気道へ

——広大な世界へと羽ばたく第一歩

昭和30（1955）年、植芝盛平先生と吉祥丸先生が相談され、合気道を一般公開することになり、東京・日本橋の高島屋屋上に特設道場が作られて演武会が行われました。植芝道場では講習会や演武会が実施されていたものの、一般公開するのは初めてでした。

もともと徳川時代、日本中の各藩にあった優れた武術は、そのほとんどがお留め技として藩外に漏れるのを警戒した歴史があります。

演武の内容は、吉祥丸先生が中心となって、私も含めた門下の人間も意見を出しながらまとめました。これが評判を呼び、他の百貨店でも同様の演武を実施したり、各国の在日大使館に招待を受け演武することにもなったのです。

戦後10年が経ち、世情が収まってきたこの時期に合気道の公開演武を決意された吉祥丸先生の行動が、大学への普及と相まって、今日の世界に広まっていく道筋をつくったと言えるでしょう。

デパートの屋上から始まった演武会は、やがて新聞社の講堂等を経て日比谷公会堂で行われることになります。昭和52（1977）年からは毎年5月、日本武道館で開催されています。いまや演武出場者が8000人近い、一大行事となりました。

このような合気道の発展に大きな力を発揮したものの1つに、『合気道新聞』があります。私が植芝道場に入門した昭和25（1950）年4月に発刊された『合気会誌』が季刊の『合気』を経て昭和34（1959）年から月刊の『合気道新聞』になりました。

刊行のきっかけは、植芝吉祥丸先生が、これからの時代は広報活動が大事であるとお考えになったところにあります。社会が複雑になり、人と人のつながりだけでなく報道に頼る時代が到来しつつありました。吉祥丸先生の決断は早かったのです。

『合気道新聞』に加え、吉祥丸先生が執筆した合気道解説本の英語版が出版されたことも、世界に合気道が広く知られる大きな要因となりました。また、合気道そのものにとっても、世界が広くなったように思います。

植芝盛平先生の教えが、植芝吉祥丸先生の眼力で広大な世界へと羽ばたくこととなった、象徴的な出来事と言えるでしょう。世界各地で頒布されている現地語版の会報誌には、必ず大先生のお言葉が掲載されています。

師との永遠の別れと、世界普及の道程

国内外での評価が高まるにつれ、海外でも合気道の教えを広めようという流れが生まれてきました。昭和26（1951）年の望月稔氏のフランスを筆頭に、昭和28（1953）年藤平光一氏がハワイ、同年村重有利氏がミャンマーに派遣されるなど、海外での指導を積極的に行うようになりました。大先生も昭和36（1961）年に渡米され、ハワイで指導にあたられています。

私が海外普及のためイタリアへ向かったのは、昭和39（1964）年のことでした。当初の予定では欧州を皮切りに世界をまわるはずでしたが、縁あってイタリアでの合気道普及に

平成28年 第12回国際合気道大会、講習会での指導

邁進することとなったのです。

当時、合気道を普及する者が守るべき三カ条というものがありました。①一人で行くこと②片道切符で行くこと③カネを持たず、家からの仕送りを受けず、アルバイトをしないこと、というものです。

私もこの教えを守り、２５０ドルを懐に、まずはローマに向かいました。そこでモノポリ（煙草専売局）の責任者、キエルキーニ氏を紹介され、その道場で稽古を開始。その半月後には、国家警察学校で演武を行い、イタリア内務省主催で合気道講習会を2カ月間行いました。ローマには、戦時中に在日イタリア大使館員として赴任し、植芝道場に入門されていたメルジェ教授がご健在でした。教授から植芝先生の話を耳にした者が、次々と入門してくることとなりました。人の縁とは不思議なものです。その一人、セルビエリ氏の紹介で後年、国有財産のひとつを道場とすることができました。

昭和43（１９６８）年、はじめて国際合気道講習会をベニスで開きましたが、イタリア合気会の形がようやく整い、日本までの航空券を買えるようになるまでに、6年かかりました。イタリアじゅうを飛び回っていたため、大先生の訃報に際し、帰国することも叶いませんでした。

そこからさらに4年かけて、昭和53（１９７８）年にイタリア合気会は日本伝統文化の会として政府・文科省公認の財団法人に。時間はかかりましたが、いまやイタリア全土80の都市に道場を持つ組織にまでなりました。当時もいまも気をつけているのは、国や地域によって物事の捉え方や反応が違うところです。言葉の問題というよりは、文化や慣習の違いが根本にあると思います。こちらが伝わったと思っていても伝わっていなかったり、その逆もあります。そうしたギャップを丁寧に埋めるような指導を心がけています。

昭和30年代から各国で指導にあたった者たちの尽力、そして現地の人々の協力も手伝って、ヨーロッパにとどまらず、合気道は全世界に拡散を続けている最中です。いまや世界80カ国以上に支部道場、さらに１３０の国と地域に組織・団体があります。これは、大先生の教えが普遍的な真理に基づくものであることも意味していると思います。

合気道の真髄は、全人類に共通しています。伝統に支えられた日本武道の意義を世界に広めるとともに、後世に伝える力が求められていると思います。その意味でも、世界に稽古の場が広がることは実に自然なことではないでしょうか。

【右】昭和31年頃、植芝吉祥丸先生、受け多田師範 野村証券にて
【左】昭和52年頃、イタリア合気会本部道場の裏庭、ローマ城壁と水道跡にて

1967年、植芝盛平翁先生大演武大会（柳井）にて。中央開祖、前列右から3人目筆者

【合気道人生】

合気道、学び、工夫し、繋ぐ。

幼い頃から、いつも武道はそばにあった。
導かれるように合気道、
そして開祖をはじめとする恩師と出会い、
一歩一歩丁寧に合気の道を歩んできた乾師範。
技の体得だけでなく、
合気道の精神の理解にも心血を注ぐ、
その一途な合気道人生に迫る。

八千代合気会 師範

乾 泰夫（いぬい やすお）

八千代合気会 会長･師範、
八千代市合気道連盟 会長、
千葉県合気道連盟 副会長、
経済産業省合気道部 所属、
合気道七段
昭和22年3月20日生 徳島県出身

［合気道入門まで］

長兄との間に二人早逝し、上は十歳離れた兄だけでした。この兄が柔道を習っていて、柱に帯を巻き付けて打ち込みの練習をしているのを目にして育ちました。父も武道に関心があったのか、千葉周作とサトリの話や、幕末の動乱期に勝海舟が刀の鍔元を紙縒《こよ》りで縛って抜けないようにしていた話などをしてくれました。子供時代の遊びといえば、相撲やチャンバラ、小学校の裁縫室や社務所の畳の部屋での柔道という時代でした。中学生になると、部活で剣道を選ぶ友や、空手や少林寺拳法を習っている者がいて、身近に武道がありました。

昭和四十年に愛媛大学に入学しました。寮生活で、最初の年は自治会活動に忙しくしていましたが、二回生になった時、大学生活を充実させるために何かサークル活動をしようと思い立ち、クラスメートに何をやっているか聞いて回りました。その中に合気道をやっているという者がいたので、「合気道ってどんなことをやるの」と尋ねると、技の説明ではなく、「宇宙の気を臍下《セイカ》丹田に集めて出すんだ」という答えが返ってきました。この言葉に興味を覚え、早速、稽古場所として借りている松山東警察署の柔道場を訪ねました。五月のことでした。

［合気道部時代］

合気道部の指導は瀬戸内海を挟んだ山口県支部

から来られていて、沼田敏男支部長や中村克也先生に教えを受けました。昭和三十九年四月に創部の合気道部で、入部当時は幹部が三回生で、この三回生が二代目でした。

稽古は上から強制されることがなく、稽古に遅れた時と息が上がった時だけ、反省や休憩のために道場の縁で静座をするという決まりがあるだけでした。

県支部がある柳井市と松山市の間はフェリーで二時間半掛かりましたので、合宿も含めて、直接指導を受けられるのは年間で十日もなかったと思います。それで、吉祥丸先生の『合氣道』『合氣道技法』『合気道教本』が頼りの稽古でしたが、お蔭で、自分で工夫する習慣が身に付いたのは良かったのではなかったかと思います。

主将が、稽古の後で必ず短い訓話をしていて為になりましたので、教えるようになってから、私も何か生きる糧になる話をしようと思って続けています。

夏休みに郷里に帰った時には、地元の徳島県支部の工藤泰助先生に教えて頂きました。

［大先生との出会い］

入門した翌年の春休み、昭和四十二年四月九日に翁先生（大先生）が柳井市に来られました。昭和三十九年にベルギーで客死された村重有相（有利）先生のお墓参りのためでした。それで、柳井市体育館の道場で県支部の方や私達部員に演武を披露して下さいました。大先生が道場にお着きになられ、道場の奥のベニヤ板で仕切られた控室に入られ、そこへ部員が二人ずつ組になって、名前を言ってご挨拶をしましたが、大先生が、「遠い所よくいらっしゃった」と皆にお声を掛けて下さいました。支部長から「翁先生の技は神技です」とか「翁先生は、一目で会った人のことが分かる」とお聞きしていましたので、大変緊張し、また、東京から遠路お越し下さったのに、海を渡ったとはいえ、自分は三時間程しか掛かっていないのにと、恐縮したことを憶えています。

演武の時に、「ここ（道場）は多賀の里じゃ。爺が畳の下に宝物を埋めておくので、自分で掘り出しなさい」「合気道は赤玉・白玉じゃ」というお話をして下さいましたが、「多賀の里」が何か分からない程度で、難しいお話はされませんでした。大先生は、人を見てお話されたのだと思います。

入り身投げ、立技呼吸法から演武が始まりましたが、予想や理解の程度を遥かに超えており、私達が稽古しているものとは異次元のもので、融通無碍《むげ》という言葉が頭に浮かびました。帰りのフェリーの中では、「技を掛ける時に翁先生の眼が光っていたね」という話題で持ち切りになりました。

この時のことは生涯忘れることが出来ないものとなり、合気道を長く続ける元となっています。「遠い所よくいらっしゃった」の後に続く言葉を考えると、合気道のためになること、世のため人のためになることを期待されていたのではないかと思い、心を引き締めています。

［松山支部時代］

就職先が決まり、工藤先生に松山市で働くことが決まったご報告をしたところ、当時、四国に県支部があったのは高知県と徳島県の二つだけでしたので、松山に愛媛県支部を作るよう頑張れと励まして下さいました。

沼田支部長からの勧めもあって、松山支部を開かれていた松隈勇夫先生に付きました。国鉄（現、ＪＲ四国）松山駅近くの新玉公民館を借りて稽古しましたが、高知県支部から佐柳孝一先生が自家用車で三時間余りかけて松山支部と松山商科大学（現、松山大学）に教えに来られていました。最初のご指導の時、昭和四十四年の五月のことであったと思います。大先生が四月に亡くなられたことを聞き、大変ショックを受けました。いつか東京に出て、大先生のご指導を受けたいと願っていたことが消えてしまったのです。その時の松山商科大学のキャンパスと空の色が今でも脳裏に浮かびます。

仕事に就き、朝八時から夜中まで仕事をする日が続きましたので、公民館で朝稽古をさせて頂くことになり、少しの間でしたが指導を任されました。

しかし、無理が祟ったのか入院することになり、稽古を中断して会社も四カ月間休みました。

「本部道場時代」

退院後、紆余曲折あって東京に転勤がきまりました。こんなことがあるのかと飛び上がるような気持ちでした。

昭和四十七年二月に上京し、通勤途上の道場も当たりましたが、折角東京まで出て来られたのだからと思い、本部道場に通うことにしました。月曜日の山口清吾先生と金曜日の藤平光一先生の稽古に出るようにしました。東京に出た頃には二段を頂いていましたが、本部道場の帆布表の畳だと、氷の上にいるようで、足が滑りました。随分と踏ん張っていたからだと思います。

しかし、長くは続きませんでした。受け身を取ると尾骶骨から脊髄までズンと響くような痛みを覚えるようになったからです。それで、稽古を休んで整体に通いました。

「増田先生のご指導」

昭和五十一年になって、会社の近くで稽古をしている所があることを知りました。日本石油でしたが、通産省（現、経産省）も一緒に稽古しているとのことで、これは頼めば入れて貰えるだろうと思い、お願いして稽古に加えて頂きました。本部道場から増田誠寿郎先生が指導に見えられていて、毎週、教えを受けることが出来るようになりました。

2003年、増田誠寿郎先生と

増田先生のご指導は噛んで含めるようで、ユーモアに富んで楽しいものでした。昼休み中の稽古でしたので、稽古の後で食事をする時などに、大先生の演武を拝見して分からなかったことなど質問しましたが、少しも嫌な顔をされず教えて下さいました。

四段を頂いてからのこと、昭和五十八年になって、近くに後輩が引っ越して来ましたので、二人で稽古をするだけでは勿体ないと思い、同好者を募ることにしました。年齢も三十六歳になっていて、人生の師と仰ぐ方から「人生の半分は世の中にお返しをするように」との教えを受けていたので、この時と思い立った訳です。幸い八千代市市民体育館が空いていて借りることが出来ました。

このことを増田先生にお話ししたところ、毎週の稽古が私のためだけの稽古になりました。「やさしくするように」とのことで、痛くない技を徹底して教えて下さいました。二カ月程、そういった稽古が続きましたので、私も考え方を変えました。後になってから知りましたが、増田先生はこの時、千葉県下で指導していらっしゃる先生方にご挨拶をして下さり、スムーズに滑り出すことができました。

私が考え方も技も変えたら、それまで日石合気道班で一緒に稽古をしていた人から、「乾さん、痛くなくなったよ」と口々に言われるようになり、それまで随分きつい稽古をしていたことを悟ることが出来ました。その時代に相手をして下さった方々には大変申し訳なく思っております。

増田先生が、「道主に代わって稽古します」と仰っていましたので、八千代市では私も増田先生の代わりに稽古指導をさせて頂くということを忘れないようにしております。

「八千代市での稽古」

市民体育館で稽古を始めるに当たって、自ら和文タイプで案内状を作成し、自治会の会長さんに頼んで回覧板にチラシを入れて頂きました。十月二十九日に発足してみると大人七名、子供六名の参加があり、幸先良いスタートとなりました。首都圏で働いている後輩が三名駆けつけてくれました。

広い道場で、これで思う存分稽古が出来ると思いましたが、昭和五十九年六月に初めて増田先生の審査を受けた時、私の審査をされているように感じ、以後、自分の上達よりも稽古に通って来る人のために良い指導をしようという気持ちに変わりました。指導している時、増田先生から教えら

2010年、八千代市合気道連盟演武大会にて

れたようには出来ないことがあります。技が掛からない時には無理に掛けたり痛くしたりしないで、「もっと研究させて頂きます」と言っています。

最近聞いた話ですが、二代道主が指導されていて、初心者が無理に手を握った時、何としても投げるということはされなかったそうです。受け身を失敗してケガをさせるのを避けるためだそうです。二代道主の手は、掴んでも掴んでいるという感触が得られなかったそうです。その話を聞き、私も増田先生の手を掴んだ時、グラグラして持てなかったことを思い出しましたが、この話から二代道主のように、腕前ではなく配慮ができる人間になろうと思いました。

現在、本部道場の菅原繁先生からご指導を受けています。先生は指導者を差し置いて稽古相手に教える人がいたら注意されると聞き、会員にもマナーを共有してもらっています。

[大先生の教え]

昭和五十九年に千葉県合気道連盟が結成された時、清野裕二先生に初めてお会いしました。学生時代、合気道新聞に掲載された記事で存じ上げていた方ですので、大変感激しました。会長からは、合気道新聞の続きとして開祖の講話を聞くことが出来ました。

千葉県合気道連盟には、発足時、白光真宏会からの参加がありました。市川市に道場があったからです。それがご縁で、最初の版の『武産合氣』という本を入手することが出来ました。ところが『合気神髄』もそうですが、日本人なので言葉は読めても意味が分からないのです。村重先生の教えに、「男子たる者、分からないことを三日も分かりませんと言うようなことで済ませてはならない」というものがあります。それで、これらの本に何が書かれているか探求することにして、日比谷図書館で『霊界物語』を借り、開祖が話されている言葉の意味をノートに書き留めたりしました。

このようなことを続けていた時、「愛の情動」という言葉について深く考える日が続き、朝方、夢うつつの中で「万有愛護の心」という声が聞こえてきました。このことがあって、平成二十二年から八千代市合気道連盟のブログで大先生の教えを解明する作業を始めました。神示によって出来た武道なので、大先生のお言葉の理解のためにはインスピレーション（又は自得）が必要なのだろうと思うようになったきっかけです。

そして、「言霊《ことだま》の妙用」や「気の妙用」の前に、「愛の」を付けたのが大先生の合気道ではないか思うようになりましたが、昭和四十二年に大先生からお聞きした「宝物」を掘り出しつつあったら幸いです。

[繋ぐもの]

ご指導いただいた多くの先生方に感謝しております。学びきれない上にまだまだ工夫も足りないと感じていますが、そろそろ次に繋ぐ時期が近づいて来ております。私が受けられた範囲内で次に繋ぐべきものを羅列して、総括に代えさせて頂きます。

合気道は生業にせず、仕事の傍らボランティアとして教える。

仕事は早出をし、合気道の稽古の時間を創り出す。それでは動きませんよ、と言って頑張らないで、受け身を取ってあげて動きや力加減を教える。

技を教えることは大切だが、それよりも理合を、理合よりも心を磨くことを教える。

合気道だけに没頭せず、家庭を大切にする。

合気道における中心・起点の役割を担う合気道本部道場の4階にて。開祖・植芝盛平翁が創建した植芝道場が起点となり、現在では、多様なクラスの稽古や年間行事が開催される。国内外から合気道愛好者の多くの人々が集まる、いわば「聖地」だ。和気あいあいとした雰囲気の初級クラスの面々。

合気道学校レポート vol.1

合気道学校

本部道場の指導者から手厚い教えを受けられる学校

合気道本部道場では、半年を通して学べる合気道学校を開講しています。
合気道学校の初級クラスの授業風景を、写真と共にご紹介します。

熟練の指導者からきめ細かい指導を
顔なじみの安心感、上達し楽しめる喜び

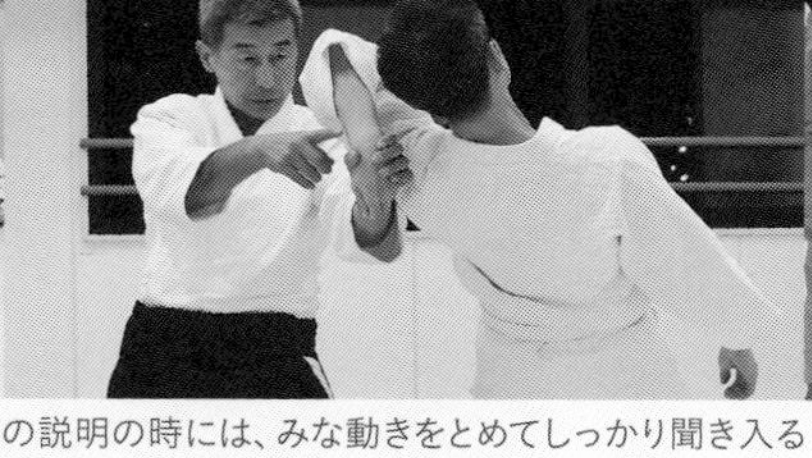

【右】取りも受けも、関師範も一緒に行う。途中師範の説明の時には、みな動きをとめてしっかり聞き入る
【中】関師範は、身体の動きが硬い方には特に心配り、声かけや指導にあたっているとのこと
【左】中高層ビルの夜景が見える稽古場にて。休憩の合間にも質問する生徒さんの姿も

同じ指導者、
同じクラスメート、
同じ進度
だからこそ得られる
深い学び

進みが同じだから、指導も細かく、学び合える

「ハイ、ハイ、ハーイ!」

（公財）合気会合気道本部道場4階（東京都新宿区若松町）で、18時半に合気道学校初級クラスの稽古が始まった。天井が高い42畳の稽古場では、技に合わせて、関昭二本部道場指導部師範のテンポの良いかけ声が響く。関師範は生徒の1人を受けに指名し、中心で技の説明をしながら、2人1組になった他の生徒たちと一斉に技の稽古をする。終始、師範は生徒全員の動きを見て、足や手の位置などを細かく指導する。稽古が進むにつれ、関師範の技のかけ声のペースが上がり、皆真剣についていく。空気は一体感をまとっていった。

今回ご紹介する合気道学校は、本部道場で受講できるクラスの1つ。前期と後期の半期制で週2回の講座だ。習熟度ごとに初級・中級・上級過程の3つの過程に分かれる。特徴は、固定メンバーで開始時期が一斉であること。約30年間合気道学校で指導にあたってきた関師範は話す。「スタートが同じなので、生徒さんの進度を細かく見て指導ができるところがよさだと感じます」。男性生徒の1人は「皆同じレベルなので、他の生徒の動きが『我がこと』。とても勉強になります。また、師範の指導もきめ細かく、団体指導ですが、まるで1対1の指導を受けているようです。合気道学校を選んでよかった」と満足げだ。

未経験からすぐに合気道の楽しさを実感

関師範は「教える時に大事にしているのは、合気道を楽しく感じてもらうこと。生徒さんの楽しめている姿を見ると何よりも喜びを感じます」と熱く語る。取材時は、開講後約1カ月が経過。女性生徒に感想を尋ねると、「合気道が楽しくて仕方がないです」との返事が。すでにその心境に達しているようだ。

初級クラスは1回目と2回目のメンバーがいる。1期通じて出席すると五級を、2期目は四級を取得できる。稽古内容は、1期目は、『四方投げ』、『第一教』、『入身投げ』、『呼吸法（座法）』の技を稽古、2期目は、その稽古に2つの技がプラスされる。取材時は、『片手取り四方投げ』、『相半身片手取り第一教』を繰り返し稽古していた。

初心者クラスは、ほとんどが合気道未経験のメンバーだ。半年を通じて同じメンバーだからこその連帯感が生まれており、稽古後に食事に行くなど、親睦を深める機会も多いそうだ。今期の生徒数は15名で、20代から60代まで様々な年齢層の方が参加している。

また、特筆すべきは指導陣。本部道場指導部の高段者2名が交代で指導にあたる。本部道場指導部指導者の細部まで丁寧な指導が受けられるのは、他の稽古場では得られにくい貴重な機会だ。

「熟練の指導者からきめ細やかな指導を受け、上達し、顔なじみの仲間と合気道を楽しみたい」、そんな人にオススメしたい学校だ。

（取材・文　福井万里）

ある1日のスケジュール

18:30　集合・スタート
開祖の写真に一礼
準備体操

18:45　技（片手取り四方投げ）の稽古

19:15　休憩（10分間）

19:25　技（相半身片手取り第一教）の稽古

20:00　稽古終了
お疲れ様でした

初級クラスデータ

【日時】
前期 4月～8月　**後期** 10月～2月

【授業時間】
月・木曜日　18:30~20:00

【募集人員】
25名

【入学資格】
18歳以上の男女

【講師】
本部道場指導者 関昭二師範（八段）
本部道場指導者 金澤威師範（七段）

【受講料】
54000円

申し込みの詳細は
2月と8月に公開されます。

企業合気道部紹介 第1回

稽古も交流も充実！ 合気道が繋げた『大家族』

みずほ証券合気道部

創部41年の歴史あるみずほ証券合気道部は、植芝吉祥丸二代道主や植芝守央道主と縁ある部。稽古レポート、部の沿革、師範と部長インタビューを通じて、充実した社会人部活動の姿に迫ります。

大家族、みずほ証券合気道部

稽古と親睦会で絆が随一

東京都世田谷区の閑静な住宅街に現れる3階建のコンクリート建物。その最上階に通されると、突如30畳ほどの広さの綺麗な道場が広がる。開始10分前には、次々と道着に着替えたメンバーが集まり、時折談笑しながら師範の登場を待つ。

小林幸光師範が現れると、空気が引き締まり、皆で一礼。いよいよ稽古が始まった。長めの準備運動の後、師範が受けを指名し、技の指導。20代～70代まで総勢20名ほどの部員が、師範の説明に目と耳を集中させる。

小林師範は技の動きを1つずつ説明し、最後に「くれぐれも無理はしないように」と伝え、ペア練習を促す。部員の1人は、小林師範のことを「袴の裾を上げて足の向きを見せてくれるなど、本当に丁寧な指導。気さくでいて教え方が上手。人気者で尊敬されています」と話す。

1時間強の稽古終了後は、仕事の疲れが吹き飛んだかのような晴れやかな笑顔が広がった。稽古後は必ず親睦会があるという。老若男女隔たりなく和気藹々と道場を後にする姿は、普段から積み重ねた絆の深さを感じさせた。

みずほ証券合気道部沿革

みずほ証券合気道部は1976年に前々身である新日本証券時代に創設された。今年で41年目。創始者の故米持英夫氏（八段・元合気会常任理事）が、大阪商事（現・みずほ証券）で職場の上司であった植芝吉祥丸二代道主の影響で合気道を始めたことがきっかけとなった。初代師範は、植芝守央本部道場長代行（現道主）が担当した。

当時社員で初代部長の工藤剛氏は、2002年JICAシニアボランティアとしてカンボジアに合気道指導者として派遣され、その姿に影響を受けた部員の大村信夫氏や楠哲治氏も応募し海外派遣された。

特色として欠かせないのが姉妹道場の存在。新日本証券合気道部（現・みずほ証券合気道部）で研鑽を積んだ部員が、自分が勤務する会社でそれぞれ富士通合氣道部、第一三共合気道部、東芝合気道部を創り、姉妹道場として交流している。姉妹道場に在籍していれば、どの部の稽古や合宿にも参加可能。全日本演武大会等の後には、姉妹道場が集まっての打ち上げ、春には東北大学での稽古合宿など、盛んな交流がある。

工藤氏は「この部のおかげで仲間が増えた。姉妹道場でのいろんな会社の人との交流、JICAの派遣で得た世界中の仲間と今も交流している。全て合気道が結んでくれた縁で感謝しています」と笑顔で語ってくれた。

小林師範の説明を真剣に聞き入る

小林幸光師範に聞く!

小林幸光本部道場指導部師範

稽古中も、終わったあとも、常に穏やかな声と微笑みの小林幸光師範。その人柄と丁寧な指導で、部員からとても慕われておられます。みずほ証券合気道部について、お話をうかがいました。

稽古後の笑顔が何よりの喜び

本部道場に入って1年程経った頃、当時若先生だった道主から、自分の代わりに指導するようにとお話があり、かれこれ32年になります。

年配の方々から良いところを学ばせていただき、稽古では、本部で習ったことをお伝えしています。お互いに学び合う関係ですね。

部員は、若い方は年上を慕い、年上は若手を大変可愛がっています。人間関係がよく、和気藹々としています。わたし自身、稽古で教えるのが楽しみでここにきております。

平成20年頃に日本橋の社内にあった道場を閉鎖されることになりました。八方手を尽くしましたが日本橋界隈には代わりの道場が見つからず、今の私営有料道場が使えることになるまではどうなることかと思いました。

怪我なく楽しみつつ親睦を深めたい

技術よりも何よりも、まず怪我をしないこと。怪我が一番怖いですから。次に仕事に影響が出ないこと。もちろん稽古はきちんとして、「稽古に来て良かったな」と思っていただけるよう心がけています。実際、みな来る時は疲れた顔で来ますが、稽古後は晴れやかな顔で帰っていかれます。それが何よりも嬉しいことです。また、稽古後の飲み会も楽しみの1つ。もしかしたらそこで一番親睦を深めているかもしれないですね(笑)。稽古をしてスッキリした後の楽しいお酒の席。これが長続きの秘訣ですね。みんないい人ばかりで、指導者冥利に尽きます。

一人一人じっくり見て回る小林師範

増渕徹第6代部長にも聞きました!

増渕徹6代部長

私は50歳の時に入部して10年弱経った頃に、部長に任命されました。入部が遅く新参者なので、周りの人に相談して随分助けてもらいました。また、小林先生のお人柄にも大いに支えていただいております。

昨年40周年式典を道主、令夫人をお迎えし、無事に開催することができました。この時に部員が一致団結して協力し、更に結束が強まりました。

当部は『大きな家族』みたいな感じです。合気道が好きな人たちの集まりですから、広い意味での親戚みたいなものですね。様々な会社の方が集まっているので、幅広い世界の話が聞けて、本当に楽しいです。

当部も若い方が入ってくれて大変活気が出ました。合気道に興味があってもきっかけがない方が多いと感じます。今後も部員の会社の後輩に声をかけ、実際に稽古に参加してもらって合気道の魅力を伝えたいです。

師への「憧れ」が自分を創る

他の追随を許さぬ高みを極めた人々がいる。その人物を見守り導いた師の「教える」ことの実践例を見ながら、教育の本質について再考したい。最終回の今号では、「師弟関係」のあるべき姿を追求しながら、教育の原点を改めて問い直してみる。

武蔵野大学教授 貝塚 茂樹

1963年、茨城県生まれ。筑波大学大学院教育研究科博士課程、筑波大学助手、国立教育政策研究所主任研究官などを経て、現在は武蔵野大学教授。博士(教育学)。日本道徳教育学会理事。合気道二段。
著書に『戦後教育改革と道徳教育問題』(日本図書センター、2001年)、『戦後教育は変わるのか』(学術出版会、2008年)、『道徳教育の教科書』(学術出版会、2009年)、『教えることのすすめ』(明治図書、2010年)、『天野貞祐―道理を信じ、道理に生きる』(ミネルヴァ書房、2017年)がある。

「師」という言葉

「人は心底尊敬した人物から知らず知らずのうちに多くのものを学ぶ。学生でも偉い先生を心底から尊敬している弟子は器量がどんどん大きくなる。しかし、師を批判したり表面的に奉るだけになると成長が止まる」。これは、昨年四月に他界された渡部昇一さんの言葉である。師と弟子との関係を見事に表現していると言える。

考えて見れば、「師」という言葉は不思議な言葉である。似た言葉に「先生」があるが、「師」とは別のニュアンスを持っている。その違いは何か。端的に言えば、その人を「師」と仰ぐ人がいるかどうか。「心底から尊敬している」弟子がいるかどうかである。学校の「先生」も生徒が「師」と仰がなければ、「師」とは呼ばれることはない。

師を求める側の「構え」

作家の吉川英治さんは、「我以外皆我が師」という言葉を座右の銘とした。吉川さんの謙虚な生き方を表した言葉とも言えるが、弟子としての学ぶ姿勢、つまりは弟子としての「構え」も問われている。

もちろん、師と弟子との出会いは偶然でありながら運命的と考えられる場合も多い。しかし、自分に何かひたむきになるものや「学びたい」とい

「教える」ことの本質、それは、「守・破・離」

合気道の来し方、行く末を語り合う開祖と吉祥丸二代道主

う思いがなければ、師との出会いは生まれないのではないか。例えば、ある人が同じ言葉を百人の人に話しても、その言葉に響かない九九人にとってその人は師とはならないが、心に響いたたった一人にとっては師となり得るということである。

ここで問われることは、師を求める側の「構え」である。人生も仕事も「いまのままの考え方と方法でよいのだ」という人は、そもそも師を求めてはいないし、必要ともしていない。「このままで本当にいいのか」「これは正しい選択なのか」と自分に問いかける人が師を求めるのであり、その「構え」が師との出会いを可能にする。いわば、偶然で運命的と思えた出会いが、実は必然であったということかもしれない。

「教える」とは「考えさせること」――

シンクロナイズドスイミング日本代表ヘッドコーチの井村雅代さんは、二〇一六年のオリンピックの凱旋帰国の際に、テレビの取材でこう答えている。

「私と一緒に練習して、それで、ああ厳しい練習が終わってよかった、というようなレベルでは絶対にメダルは取れない。大事なのはその練習の後、では自分は何をするかを考え、さらに自分で練習するような人でなくてはメダルは取れない」

「教える」ことの本質とは何か。それは、「守・破・離」ということに尽きるのではないか。師はまず、「型」を繰り返し教え込むことで、伝統的な「型」を継承し、「守」る。そして、「型」を継承した弟子は、やがて、師から継承した「型」を「破」り、その「型」から「離」れることで、独自の境地（世界観）へ到達するということである。

しかし、弟子が「型」を「破」り、師を乗り越えて、「離」れるためには、どうしても「考えさせる」ということが必要となってくる。自分自身できちんと課題に向き合い、真剣に考え抜く経験を経なければ、次の次元へと到達することはできないはずである。

かつてイギリスの歴史家ギボンは、「あらゆる人は二つの教育を持っている。その一つは他人から受ける教育であり、他の一つは、これよりももっと大切なもので、自らが自らに与える教育である」と述べた。

弟子が、「自らが自らに与える教育」へと向かうためには、弟子をそうした意識にまで高めるということが必要であろう。弟子が高い次元へと進むためには、考えるための材料を与え続け、考え抜く力を育てることが求められる。「教える」とは、単に知識や技術を伝えることではなく、「考えさせる」と不可分の関係にあるのである。

師と弟子との絆

もちろん、「教える」ことの本質である「守・破・離」を可能とするのは、師弟との固い絆である。師への尊敬と「憧れ」、弟子への熱い「思い」がなければ、そもそも「教える—学ぶ」の関係は成立しない。「愛はエゴの固い殻を破る」と言ったのは、バートランド・ラッセルだが、師弟関係には、たやすく、時には劇的に人間を変えてしまう力があり、ある意味では恋愛感情にも似た部分がある。

思い出すのが、落語家の故桂枝雀《しじゃく》さんの話である。枝雀さんは、桂米《べい》朝《ちょう》さんの最初の内弟子だが、桂小米と名乗っていた頃、強いうつ病になったことがある。「死ぬのがこわい」「高座がこわい」と苦しんでいた時、師匠の米朝さんは、「残念ながら、自分はそういう病気にかかった経験がないので、それについてなんのアドバイスもできんのが悲しい」と言ったという。枝雀さんは、この時の話に及ぶといつも涙ぐんだという（佐高信『新師弟物語』）。

師弟関係の基盤として不可欠のものは、こうした絆であろう。その中で、弟子には師に喰らいつき、跳ねつけられても何かを吸収しようとする「しぶとさ」が必要となる。そして、師には、弟子を一人前にしようとする意志とともに、未熟な「しぶとさ」をしっかりと受け止めるだけの器（度量）が求められるに違いない。

そして、おそらくこうした師の器（度量）を担保するのは、師自らがなお「学ぶもの」であり、弟子と「ともに学ぶ」という自覚ではなかろうか。吉田松陰の弟子への向きあい方がそうであったように、「人に教えるには自分の学力や人格を磨かなくてはならない」というストイックな思いと同時に、弟子とともに、そして弟子からも学ぶという姿勢が、松下村塾の

本部道場（旧）門前で、開祖と吉祥丸二代道主 昭和33年頃

師への憧れ、絆が志を生み、自分を生き抜く原動力となる

開祖真影の前に座し、愛刀を手に道統の不変を誓う吉祥丸二代道主

「奇跡」を可能としたように思える。

連合艦隊司令長官であった山本五十六《いそろく》の言葉に次のようなものがある。

「やってみせ、言って聞かせて、させてみて、ほめてやらねば人は動かじ。
話し合い、耳を傾け、承認し、任せてやらねば、人は育たず。やっている、
姿を感謝で見守って、信頼せねば、人は実らず」

この言葉は、師弟関係のあり方を考える上でも、教育論としても至言であると私には思える。

師への「憧れ」が「志」を生む

現代の学校教育では、「教える」ということを敬遠する空気がある。子どもたちは自分たちで学ぶ力があるのだから、教師はその可能性を「支援する」ことが役割だという人々も多い。極端に言えば、師どころか「先生」も必要ないと言わんばかりである。

しかし、果たしてそうであろうか。人間は基本的に強い存在ではない。未熟な自分の中だけにベクトルを向けても多寡が知れている。自分が成長をするためには、自分の理想とするモデル（型）を外部に求めるしかないのである。

人間は、一人では生きていけない以上、人間を通じた関わりの中でしか学ぶことはできない。大切なことは、「こんな人になってみたい！」「こんな風に生きてみたい！」という憧れであり、この「憧れ」は自分が生きるための原動力にもなる。そして、自分も「かくありたい」と願う師に出会ったとき、人生の夢や希望が生まれる。そこから「志」が生まれ、その「志」こそが「自分を磨く」という意志と行動を支えることになる。「憧れ」の対象を持つことは、自分が何たるか、自分はどう生きるかを確認し、見定める糧《かて》になる。「こんな人になってみたい！」という「憧れ」の師を持つこと。そして、師への「憧れ」が自分を創る基盤となるという教育の原点を改めて問い直す必要がある。

合気国内Topics《トピックス》

新潟合気会夏期合宿

新潟合気会（清水幸一会長）の夏期合宿は7月1日、2日の両日、佐々木貞樹本部道場指導部師範を講師に迎えて岩船郡関川村の関川中学校で行われ、約50人が参加した。今回の合宿は隣接する村上市の村上合気会が主管となり、新潟合気会としては初の県北地域での開催であった。

稽古は両日共に約2時間ずつ行われた。梅雨独特の蒸し暑い環境であったが、参加者達は自らの動きを確認しながら活気のある稽古を繰り広げていた。初日の稽古の終わりには昇段審査も行われ、二段を1名が受験、無事に合格した。

富山合気会講習会演武大会

富山合気会は6月17日、18日、黒部市錬成館において本部道場から櫻井寛幸師範を招き講習会と演武大会を開催、各地から30人が参加した。

櫻井師範は2日間にわたる指導で「正しい姿勢から自分の中心にまとめ、相手とぶつからないように方向に注意しながら力まず、相手と調和しながら動作を大きくのびのびと稽古することが大切です」と、片手取り、両手取り、正面打ち、横面打ち、諸手取り、後ろ取りの体捌きや投げ技、抑え技をリラックスした状況のもとで指導された。

講習会の後、恒例の演武大会を実施、日頃の稽古の成果を披露した。

埼玉県合気道連盟 創立35周年記念講習会

平成29年7月2日、植芝充央本部道場長が招聘され、埼玉県合気道連盟創立35周年記念講習会が上尾市の埼玉県立武道館主道場で行われた。

講習会は、埼玉県合気道連盟加盟団体の他、東京都合気道連盟、神奈川県合気道連盟、栃木県合気道連盟、茨城県合気道連盟からの参加もあり、36団体、274人の参加があり、熱気あふれた稽古となった。

植芝本部道場長の丁寧な講習会は、暑い中の長時間の稽古も最後まで意欲的に取り組め、他道場との交流を楽しむことができた。

合気道兵庫県連盟 少年少女錬成大会 実技指導者 講習会開催

合気道兵庫県連盟は、平成29年度少年少女錬成大会と実技指導者講習会（兼第71回兵庫県民体育大会）を本部道場から桂田英路同指導部師範を招聘し、7月2日に兵庫県立武道館第一道場（姫路市）にて開催した。午後1時から2時までの少年少女錬成大会には、小中学生58人が参加し、元気よく舟漕ぎ運動で始まる準備運動のあと、ダッシュや手押し車、受け身、膝行、そして座技正面打ち第一教、正面打ち入り身投げ等の稽古に励み、のびのびと体を動かした。

2時半からの実技指導者講習会では、一般（高校生以上）112人が参加し、転換法、呼吸投、正面打ち入り身投げ、座技呼吸法等の技の稽古において、桂田師範より、手を中心にもっていく、体を大きく動かす、背中から力を出す等の指導を受け、体の使い方の大切さを学んだ。

第1回 関東学生合気道連盟夏期講習会

第1回関東学生合気道連盟夏期講習会が7月6日、日本武道館にて開講された。16校、116人の学生が参加した。今回の夏期講習会では植芝守央道主にご指導いただいた。

本講習会は今年度初めて実施されたもので、上級生を主体とし、正しい合気道の技・動作の基礎を習得することを目指し、加えて学連加盟校相互の結束を固めることを目的として行われた。平日開催となったが、参加者も100人を超え、半分以上（61人）が女性であったことも、近年の講習会では初のことであった。

本講習会では上級生が意識すべき点や考え方を学ぶことができ、今後の稽古に役立てていくと思われた。

岐阜県合気道連盟第8回講習会

岐阜県合気道連盟は第8回講習会を7月8日、飛騨高山ビッグアリーナ武道場で開催。県内会員と、愛知、三重、富山、石川、奈良、静岡から29団体、110人が参集した。講師は森智洋本部道場指導部師範。

森師範は、稽古の序盤、立ち方、半身を取ること、中心線を立てること、膝を柔軟に保ち、その場に居ながら体を前後する動きも容易にすることを教示。片手取り転換法でポイントとなる体の使い方を確認し、呼吸法、第一教へと繋げた。

後半では、両足を直角に結んで、立ちしゃがみする動きから、体に真っ直ぐな線を立てることを再度確認し、正面打ち入り身投げ、第三教などの技を修練した。

関西学生合気道連盟前期研鑽会

関西学生合気道連盟前期研鑽会は、7月22日に大阪市立修道館にて桂田英路本部道場指導部師範が招かれ開催、12団体、143人が参加した。

桂田師範は、転換や片手持ち、諸手持ちの呼吸法を中心に、半身の姿勢や体の使い方を詳しく指導。

全体を通して新入生は基本技について研鑽をすることができ、有段者は技の研鑽だけではなく転換や体捌きなどを通して自分の半身や姿勢の取り方、体の使い方を再確認できた。

東京都合気道連盟 初心者指導法講習会

7月23日に、東京都合気道連盟初心者指導法講習会が、港区スポーツセンター第一武道場で行われた。講師は鈴木俊雄本部道場指導部指導員。参加者は44団体、130人。

本講習会の内容は、初心者に対する指導法であり、初段から四段までの指導者、もしくは次期指導者を対象にした講習会である。

1時間半の講習会で鈴木指導員は、初心者に対する受け身や技の指導法の例を提示。また、怪我の予防と注意点などを指導した。

大阪府 合気道連盟 第7回講習会

大阪府合気道連盟は8月11日に第7回講習会を吹田市立武道館、洗心館にて開催した。講習会は2部制とし、連盟若手の指導者、門川努師範（公益財団法人大阪合気会）が前半を、後半は奈良県合気道連盟理事長である窪田育弘師範による指導が行われた。窪田師範は合気道の精神、稽古への取り組み姿勢などを教授、充実した講習会となった。

大阪府加盟団体の他、奈良県、滋賀県合気道連盟よりの参加もあり20団体、250人の参加であった。

残暑厳しい中、他府県連盟との交流が図れる楽しい講習会に続き、女性演武、団体演武、代表者演武を行い、充実した1日であった。

平成29年度 学校合気道実技指導者講習会

平成29年度学校合気道実技指導者講習会が、8月16日、17日、東京千代田区の日本武道館第一・第二小道場において、スポーツ庁・公益財団法人合気会の共催で行われた。今回で12回目となる。参加者は59人（うち保健体育科教員は12人）。

最初に、高橋修一スポーツ庁政策課教科調査官が「学校における武道指導の在り方について」のテーマのもと、小・中学生の運動時間の推移、保健体育の指導内容、運動部活動の改善点等を説明された。

午後に行われた実技①では、日野皓正本部道場指導部指導員が「1年生の学習内容（10時間の授業内容として）」をテーマのもと、受け身、逆半身片手取り角落とし、相半身片手取り小手返し、呼吸法を指導。続いて実技②では、金澤威本部道場指導部師範が「2年生の学習内容」をテーマに、逆半身片手取り四方投げ（裏）、正面打ち第一教（表）、相半身片手取り入身投げを指導。

2日目は午前10時より実技③が行われ、鈴木俊雄本部道場指導部指導員が「3年生の学習内容」をテーマに、逆半身片手取り四方投げ（表）、正面打ち第一教（裏）、転換をする相半身片手取り入り身投げを指導。

午後の講義では、国際武道大学体育学部武道学科立木幸敏教授、同体育学部武道学科前川直也准教授が「生徒の実力を最大限に発揮する―スポーツ心理学の立場から―」をテーマに、パフォーマンス向上について緊張や不安、セルフイメージなどと関連させながらわかりやすく説明。続いて、鈴木俊雄指導員の進行で全体討議・質疑応答が行われた。

三井生命保険株式会社 新入社員研修

8月24日、三井生命保険株式会社（以下、三井生命）の新入社員研修が合気道本部道場3階にて実施され、植芝守央合気道道主が講演と演武を行った。

本研修は、三井生命からの依頼で、今回が初の試み。参加者は三井生命の社員55人（うち新入社員は48人）。

研修は10時から開始され、まず映像資料により合気道の歴史や講習会の様子を視聴した後、道主の講演となった。入り身と転換の動きを自ら示したのち、「受けと取りが左右バランスよく交互に技をかけあう」という合気道の稽古法を実際に示すため、指導員たちが各種投げ技と固め技を行うなか、合気道の理念と技法の解説を行った。

続いて道主は、戦前・戦後の合気道の流れと合気道の普及振興について説明した。道主は「相手を思いやり、協調すること」が合気道の特徴であり、合気道が世界中に大きく普及した素因の一つであると述べた。また道主は、このような合気道の特徴や普及振興の素因は、様々な人と関わる実際の社会生活においても重要であるとの認識を示すと新入社員たちは、熱心に耳を傾けていた。最後に道主演武が披露され、初めて間近に見る大迫力に参加者の興奮が冷めやらぬ中、研修は無事終了した。

第61回 全三菱武道大会

全三菱武道大会は9月9日、日本武道館で開催された。第61回を迎えたこの大会は、民間企業グループの武道大会としては国内最大規模で、三菱武道会が主催し三菱グループ企業の全国の事業所から1400人の参加者が集まった。剣道・柔道・空手道は事業所対抗の試合、合気道・居合道・杖道は演武を行った。

合気道は招待演武として昨年に続き植芝充央本部道場長が招かれ、気迫溢れる演武を行い、会場の注目を集めた。次に三菱合気道部の関西・愛知・湘南各支部及び福岡在住部員を含め総勢43人が演武を行い、男子女子演武・稽古風景・半身半立技・支部演武等と続き、髙野清二部長の指導者演武で締めくくられた。

第5回京都府合気道連盟講習会

第5回京都府合気道連盟講習会は、9月24日に旧武徳殿にて、本部道場より栗林孝典指導部師範が招かれ、開催された。

第1部では、少年部合同稽古が行われ、80人の子どもたちが互いに打ち解け、錬り合う姿には、師範や保護者、一般会員たちも感銘を受けた。

第2部は、栗林師範による特別講習会が開催（参加者約220人）され、相手の状態を感じ取り、自分の動きを調整していくという栗林師範の稽古指導のもと、新たな視点を持って稽古に臨むことができた。

第3部の演武会は、17道場（計150人）が演武し、最後は栗林師範の演武で、大会が締めくくられた。

新潟大学合気道部55周年記念演武会

新潟大学合気道部55周年記念演武会が9月30日新潟大学武道場で開催された。新潟大学合気道部は故大村浩章師範によって創設され同師範の指導により活動を続けて来た。

平成19年から合気道本部道場より小谷佑一指導員、今年から松村光指導員の指導のもと、約40人の部員で活動を続けている。演武会は主将演武に始まり、学生演武を中心に進められ、観客席のOB・OGは現役生の活動状況を確認し満足することができた。その後OB・OG約20人が年代ごとに特徴のある演武を披露した。また招待演武として25年来の交流がある信州大学合気道部の演武、大村師範ゆかりの長岡合気会の演武と続き、最後に松村指導員の演武で締めくくり、充実した演武会となった。

長野県合気道連盟40周年、春風館道場開き

諏訪合氣会主催の長野県合気道連盟40周年、並びに春風館の道場開きが、植芝守央道主が招かれ、9月9日に開催された。

研修会には、長野県内の他、近畿、関東、北陸、東海、中部地方の各地から80人が参加、植芝道主の指導のもと、熱心に稽古をした。翌10日も研修会は開催され、指導者の1年の研鑽の問われる場所となった。

品川区合気道交友会50周年

品川区合気道交友会は9月16日に創立50周年記念講習会及び演武会を品川区総合体育館にて開催した。

当日は、入江師範の指導による講習会及び記念演武会を実施。賛助団体として東京都庁合気道部・板橋区役所合気道部・江戸川区役所合気道部・合気道宇宙の会・合気道円明会・東京武道館合気道研修会・渋谷区合氣道同好会・文京区合気会・藤沢合気道倶楽部から大勢の方が参加した。

北海道合気道50周年
第28回北海道合気道連盟 演武大会

北海道合気道連盟主催による北海道合気道50周年・第28回北海道合気道連盟演武大会は、9月30日に千歳市総合体育館にて植芝守央合気道道主を招き開催。本大会は北海道合気道連盟の前身となる札幌支部の草分けより50年の記念行事となる。

演武は道内の五段位による自由演武を皮切りに、一般会員や少年部会員、北海道学生合気道連盟加盟の大学合気道部を合わせ、約30団体より250人以上が演武を披露した。賛助演武として日高浩東北合気道連盟会長が演武を行い、締めくくりに植芝道主の総合演武が披露された。演武会には少年部の保護者らを中心に約200人が観覧席を埋めた。

第15回全日本合気道連盟 講習会

第15回全日本合気道連盟講習会（主催=全日本合気道連盟、主管=北海道合気道連盟・千歳合気会）が10月1日、植芝充央合気道本部道場長を招き千歳市総合武道館で開催。

道内北は猿払村、南は函館、東は釧路から、道外は東京、新潟、名古屋から合わせて24団体、総勢245人が参加し、技の修練に励んだ。

植芝道場長は合気道の技が「転換」「入り身」「円の捌き」「呼吸法」を基本にして成り立っており、講習内容もその4つの動きの習熟に重点を置いて展開、立技、座技を織り交ぜつつ、基本技を中心に教授した。

また植芝道場長は道場内をくまなく回って指導、初心者に横面の打ち方を丁寧に教えるなど、細やかな心遣いで質の高い講習会であった。

東京理科大学神楽坂
合気道部40周年記念稽古

東京理科大学神楽坂合気道部は10月7日に40周年記念稽古を本部道場で、祝賀会をグランドヒル市ヶ谷にて開催した。稽古会は担当師範である日野皓正本部道場指導部指導員によって1時間行われ、初代から現役生まで総勢49名が汗を流した。

祝賀会は植芝守央合気道道主、前担当師範の大澤勇人本部道場指導部師範が招かれ、OB、OGら78人が参集。開会にあたり顧問の理学部教授は「これから50周年、ゆくゆくは100周年と、ますます合気道部が発展していくことを祈念しています」と挨拶。続いて道主より「これから50年60年とこのクラブを続けられて、OB、OGの方を含めた合気道部をさらに大きなものにしていっていただきたい」と祝辞があった。

和歌山大学合気道部 創部65周年 女子合気道部40周年 記念式典

和歌山大学合気道部は10月8日に植芝充央道場長を迎え、和歌山県立武道館にて創部65周年・女子合気道部40周年記念式典を開催した。式典は、植芝充央本部道場長の講習会、演武大会の構成で行われた。

植芝本部道場長の講習会では、約1時間、基本的な技を中心に指導、総勢約200人が稽古に汗を流した。次に演武大会に移り、現役生、賛助大学、卒業生、そして飯尾守平合気道部師範による演武が行われ、植芝本部道場長による演武で締めくくられた。

富山県地域社会 合気道指導者研修会

平成29年度富山県地域社会合気道指導者研修会は、10月14、15日、藤巻宏本部道場指導部師範が招かれ、県営富山武道館にて開催、県内はもとより近県から40人が参加した。

講習は2日間で計8回行われ、藤巻師範が4回、地方講師として吉田幸治悠風館館長が2回担当、また、地元の若手指導者育成のため吉田師範の希望により、川辺政美、中条秀夫両指導員も1度ずつ指導した。

2日間の講習終了後、島理事長より参加者代表に修了証が手渡され、研修会は無事終了した。

第1回 福井県 合気道連盟講習会

福井県合気道連盟は、10月15日、第1回講習会を越前市武道館にて、本部道場より入江嘉信師範を招き、県内外70人の参加者にて開催した。講習会は午後1時から4時15分まで15分間の休憩を入れての2部構成で行われ、体の転換から呼吸法、入り身投げなど、基本技を丁寧かつ論理的な指導のもと、会員一同熱心に稽古に集中した。

稽古後、県下4団体と県外2団体の紹介と入江師範を囲んで写真撮影も行い、県内外の道友との交流を深めた。

今回の講習会は、福井県合気道連盟として初めての単体事業ということもあり、野村理事長を始め、県連の役員の方々の協力のもと、充実した講習会を行うことが出来た。

兵庫合気会創立30周年記念演武大会

兵庫合気会創立30周年記念演武大会は10月22日午後1時より姫路市総合スポーツ会館柔道場にて、植芝充央本部道場長を招いて開催された。兵庫合気会傘下の道場に加え、兵庫県内外の交流のある道場からも集まり、総勢約200人が参加した。

開会式に先立ち植芝本部道場長から祝辞があり、続いて山田芳朗兵庫合気会会長より挨拶があった。来賓として、姫路市体育協会の山田幸数副会長が臨席され祝辞を述べた。

開会式後、植芝本部道場長による講習会が行われ、基本の体捌きから合気道の技が展開されることを示しながら指導を進められた。参加者は熱心に稽古しながら交流を深めた。終了後は演武大会に移り、初めに兵庫合気会の少年少女部、一般部の演武が行われた。続いて兵庫県内外から集まった師範による賛助演武、そして山田芳朗師範の演武、最後に植芝本部道場長の模範演武で締めくくられた。

訃報

山根政行 氏
千葉県合気道連盟相談役
佐倉合気会師範
8月7日 逝去 享年75歳

寺本伊佐武 氏
和歌山合気道連盟副理事長
合気道松江道場・孝子道場・河北道場師範
10月1日 逝去 享年80歳

山田博信 氏
千葉県合気道連盟相談役
北総合気会会長
10月15日 逝去 享年79歳

群馬県合気道連盟 講習会

群馬県合気道連盟主催の秋季講習会は、10月15日に高崎アリーナ武道場にて、植芝充央本部道場長が招かれ開催された。

13時30分から2時間講習会が行われ、県内から20団体、約100人が参加した。植芝本部道場長は講習会の初めに転換、入り身の捌きから指導、入り身投げや四方投げ、第一教の基本技の他、座技や半身半立ち技等も指導した。参加者にとっては、長時間の稽古となったが、最後まで稽古に集中し、同時に基本の大切さを参加者全員が改めて確認できた。

群馬県では年に2回講習会を行っているが、今回国際大会が開催された高崎アリーナで植芝本部道場長の講習会が行われたことはとても感慨深い。今後も県内の団体が集まり開催される講習会の機会を大切にし、加盟団体と協力して活動していきたいと考えている。

合気道唯心館杉野道場創立90周年記念 演武大会

合気道唯心館杉野道場創立90周年記念演武大会は10月15日、神奈川県川崎市の川崎市産業振興会館にて午後1時半より行われた。

招待演武として縁のある団体が国内外を問わず集まり、剣術や槍術などそれぞれ演武を行った。合気会からは、菅原繁本部道場指導部師範が基本技を中心とした演武を披露した。

約300人の観客が集まり、演武大会は盛会のうちに幕を閉じた。

合気道まんがルポ。
第57回全国学生合気道演武大会
作・佐藤右志
11月25日さわやかな秋晴れ。全国学生合気道演武大会をみに武道館へ。
第57回全国学生合気道演武大会
全国学生合気道連盟加盟大学86団体、約559人の大学生達が演武をします。
さっそく、正面玄関の受付ではスーツ姿の女子大学生がおでむかえ。
フレッシュでいいですね!!
大会の運営は学生主体で行われているそうで
ピシッ!
キリッ
警備係や
進行係
場内アナウンス係
ドーーン!
もちろんたいこ係も!!
電光掲示板係や写真撮影係など
カシャ!
カシャ!
パッ!
青 〇〇大学 白△△大学
すべてを学生がこなしています。まさに八面六臂の大活躍です!!
学生演武
各大学別の学生演武がスタート。
みんな元気!!
のびのび…。
演武中に各大学の合気道部の紹介が場内アナウンスされるのが良いですね。
どうやら大学から合気道を始めた学生がほとんどのようです。
創部50年以上の歴史を持つ大学が多くてビックリ!!
中には部員0人の危機を乗り越え今は部員が38人という大学も。
ほう!
少人数でもわきあいあいと励む大学も。
伝統を途切れさせないように、みんなで守ってきているんですね。
パンフレット

8
ビシ!!
大学ごとに特徴があります。
防衛大学校の演武シンクロのようにそろってます!!
9
どの大学も入退場がすばやいです!!
退場
入場
タタター
タタタ——
10
じっ
稽古錬成
次は道場長の稽古錬成。
みんな真剣です。
11
道場長も学生と一緒に稽古しています。
なんて気さくなんでしょう!!
↑道場長
12
道場長はあまりにも馴染みすぎて見失ってしまうほど…
ここ
??
あれ? 道場長はどこだ?
13
我こそはと、指導員めがけて突進する学生達の姿も。
え!?
お願いします!!
お願いします!!
超積極的です!!
サササー!!
サササー!!
14
タン!
進行の合間にたたみ直しをする様子。
タン!
スーツ姿でぴょんぴょんとびはねる姿がなんとも可愛らしい。
タン!
15
総合演武
じっくり
しめくくりは「道主先生」による総合演武。
目の前で道主の演武が見られるだけあって、学生達全員集合。
みんな熱視線です!!
パタ!
クルン!
16
最後は各賞の授与式。
合気道には勝敗がありませんが賞が、大会への良い目標になりますね。みなさん、おめでとうございます!!
ペコッ
トロフィーまで!! おめでとう!!
パチパチ
了
実りの秋にふさわしくまさに学生の学生による学生のための演武大会でした。学生のみなさん、とってもステキでしたよ!!
みんなおつかれ様!!

われら合気道家族

氣守道場 御前崎支部
阿形一家

vol.46

阿形麻紀
44歳
稽古年数12年
主婦

阿形英之
43歳
稽古年数28年
理容師

阿形 菜《さい》
17歳
稽古年数13年
高校3年生

合気道が結んだ家族の縁

今号の「われら合気道家族」は、氣守道場御前崎支部の阿形ファミリーです。娘の菜さんの習い事として始めた合気道によって結ばれた、家族や恩師、仲間との縁を大切に、家族全員で、道場を盛り上げつつ稽古に励んでいます。

合気道と出会って

――阿形 英之

出会いは1冊の本

私が合気道を始めたのは高校1年生、きっかけは何気なく手に取った1冊の本でした。当時は今のようにネットで動画を観るようなことはできず、合気道の本に載っている連続写真を見ながらどんな感じだろうと想像を膨らませてワクワクしたのを懐かしく思います。

その後、島田藤枝合気会（大鐘吉裕師範）へ見学に行きました。今まで見たことのない技や気さくな道場の方々に惹かれ入会させて頂きました。

その後、30歳の時にニュージーランド（以下NZ）で1年間過ごした際、NZ合気会の神流館（高瀬信夫師範）の元でお世話になりました。

合気道を海外の方々が稽古されて

体術は体軀。つながりを意識した稽古を

【上】武器は難しいけど楽しい
【下】澤田師範の剣杖を伝えたい

いるのは知っていましたが、実際に大勢の方々が熱心に稽古されているのを見て嬉しい反面、その熱心さとレベルの高さに自分が恥ずかしくなりました。

ＮＺでの1年間は私にとってかけがえのない体験になりました。合気道の素晴らしさを畳の上での稽古だけではなく、ＮＺの皆さんとのつながりや経験から色々な可能性が生まれることを実感できました。

高瀬師範との出会いは大きな財産となり、澤田俊晴師範（央名会 氣守道場道場長）とのご縁につながりました。

澤田先生は毎年ＮＺへ講習会に招かれており、そこで初めてお会いしました。

海外の方々は日本人が思う以上に、技に効果がなければ興味を示さない傾向があると思います。そんな皆さんが澤田先生の体術と剣杖の動きがリンクした技に目を輝かせながら熱心に稽古している姿には感動しました。

合気道が縁で家族になる

帰国後、仕事の都合もあり氣守道場（愛知県春日井市）で稽古させて頂き、そこで妻の麻紀と娘の菜と出会いました。

そして8年前、2人と家族になり、同じ時期に氣守道場御前崎支部を任せて頂きました。初めの頃は家族だけでの稽古でしたが、それはそれで楽しい時間でした。

今は少しずつ生徒さんも増え、子ども18名、大人17名で稽古に励んでいます。

私の仕事時間の都合もあり、子どもクラスはほぼ妻に任せっきりです。また、道場運営の事務仕事も任せっきり、私は大人クラスで楽しく稽古しているばかりで妻には頭が上がりません。

娘は現在17歳で、小さい頃はただやらされている感じでしたが、今では楽しそうに稽古をしており、続けさせてよかったと思います。

道場に稽古に来てくれている様々な方に娘が触れ合えるのもとてもありがたいと思います。その経験が人生に活かされればと願います。

争うのではなく合わせることを重視する合気道は、一緒に稽古することでその人と会話をしている様な感覚になり、家族にとっても良いコミュニケーションになっています。

これからも御前崎の地で合気道を楽しく稽古しつつ、よりたくさんの方々に広めていきたいと思います。

家族を結ぶ合気道

―― 阿形 麻紀

体を動かす習い事なら合気道をさせたい。娘が4歳になる時、なんとなくそう思いました。そこで、近所で数件の道場の中から、最初に澤田師範の氣守道場を見学しました。今思えば他に家から近い道場もありましたが、直感でここ！と思い、入門させて頂きました。

当時2人暮らしだったためか、極度の人見知りの娘を何とかしたいと思い、色んな人と触れ合える習い事を！と思っていたのですが、この娘はなかなか手強く、私が稽古を見守っていても泣いてばかり、いっそいない方が……と思い席を外し、稽古の終わりそうな時間に伺うと、指導員さんの膝にちゃっかり座っていたりで、申し訳ない状態が続いて困っておりました。

そんな頃、他のお母さんから一緒に合気道始めませんか?と誘われたのをきっかけに、私自身も入門しました。すると今まで泣いてばかりだった娘が、自分よりさらに頼りない人がやって来たと言わんばかりに稽古中もしっかりしだし、私が「四方投げってどんなのだっけ?」と聞くと一生懸命教えてくれるようになりました。

私は私で、拙いながら、合気道とは人を打ち負かすことは求めない、お互いを活かす武道ということを稽古を通じ教えられ、それまでの人との関わり方を大きく変えられました。何より自分に自信を付けさせてもらったと思います。

現在の夫とも道場で出会いました。私より先に娘が彼のことを気に入り、その後、静岡県の御前崎市に道場を構える話が上がり、再婚し、そのお手伝いをすることになりました。

御前崎市にある道場にも氣守道場の名前をいただき、門下生の方々とも楽しい出会いがあり、日々楽しく稽古をしています。

私は子どもクラスの指導を任せてもらっていますが、日々心掛けることは、子どもたちを上手にすることは二の次で、あまり大きな声が出せない、人見知りな子がのびのび楽しく過ごせる場所を作ることができたら、誰も見ていなくても、コツコツ繰り返し練習する子にスポットが当たる場所をつくれたらいいなと思い、稽古に臨んでいます。

目指すは父

子どもクラスでの指導

合気道と私

―― 阿形 菜《さい》

合気道とは4歳の時、母に氣守道場に連れていかれたことがきっかけで出会いました。

子どもクラスに参加させて頂いたのですが、初めは合気道が何かもわからず、私は泣いてばかりいました。そんな私にも氣守道場の先生方は優しく、そして楽しみながら稽古できるように指導してくださいました。徐々に同じクラスの子たちとも仲良くなっていきましたが、合気道はただなんとなく続けているだけの状態でした。

しかし、高校1年生の時参加した合宿で、先生や道場の皆さんと合気道のお話をする機会があり、その時稽古に対する姿勢や、人生観が変わりました。皆さんと話していくうちに、本来の合気道を知り「合気道って何だかよくわからなかったけど、面白いかもしれない」と思うようになりました。合気道に対しての気持ちが変わったことで1回の稽古を大切に、考えて動くようになりました。まだ、理想の合気道には程遠いですが先生方のおっしゃっていた面白さは、徐々に実感しています。

講習会では、全く知らない相手と組むことがほとんどです。技を始めるとき自分にとってやりやすい相手とやりにくい相手がいます。やりにくい相手と組んだとき、焦ってしまいますが相手に合わせて風でなびく布をイメージしながら稽古するように心がけています。そして合わせようとする意識は日常のコミュニケーションにもつながっていると思います。どうすれば相手ともっと円滑なコミュニケーションがとれるかを冷静に考えられるようになってきました。私は合気道のおかげで人として成長していけるように感じます。

全国道場だより

**合気道の輪は日本全国に広がり、地域に根付いています。
このコーナーでは、各地の道場の様子をご紹介いたします。**

合気道二本松道場

福島県

合気道二本松道場は、福島県を代表する城下町のひとつ二本松市にあります。二本松市は、菊の城下町とも称され、日本最大級の菊人形展「二本松の菊人形」が毎年行われています。また、「二本松提灯祭り」は、日本三大提灯祭りのひとつに数えられています。さらに、戊辰戦争では「二本松少年隊」も城を守って多くが犠牲になりました。

このような尚武の気風が残る町、二本松市にある道場は、毎週火曜日・土曜日を稽古日としています。福島県合気道連盟会長・清野和浩先生の指導のもと、厳しさの中にも和やかに楽しく、稽古を行っています。

清野和浩先生は、故・白田林二郎先生と追分拓哉先生から指導を受け、平成15年10月に二本松市で道場を開設しました。当時の武道場は、畳が常設されておらず、稽古を始めるために1階の倉庫から2階の道場まで畳を運ぶ必要があり、大変苦労されたと聞いています。最初は、2人で32畳の広さから始まり、それから13年が経過した今では人数が増えて100畳ほどの広さになりました。現在は、畳が常設され、稽古の環境が整っています。

平成29年10月に二本松市合気道連盟創設13周年記念演武大会を行いました。

演武会では、子どもたちが「気力」「体力」「集中力」の教育理念で培った合気道の技を、来場の皆様に披露することができました。また、プログラムの中で合気道の技を活かした護身術講座を開いて、普段子どもたちが稽古している合気道を体験して頂くことができました。

今後も、清野先生の指導のもと、合気道の普及に努め、子どもも大人も健やかに末永く稽古できるよう励んでまいりたいと思います。

お近くにお寄りの際は、ぜひ当道場にお立ち寄りください。お待ちしております。

Data

責任者氏名 清野和浩　連絡先住所 〒960-2261 福島県福島市庭坂字黄金坂8-1

電 話 024-591-2851　携 帯 090-9888-4009　E-mail seinokazuhiro591101@y-mobile.ne.jp

創立年月日 平成15年10月1日　稽古場所 二本松市立二本松第一中学校 武道場

稽古日・時間 子供 土曜日 17:00〜18:00　大人 火曜日、土曜日 18:00〜20:00　会員数 子供 15名 大人 10名

東京都

合氣道木下道場

平成14年10月、江戸川区西瑞江において、子ども、大人、親子クラスを始めたことをきっかけに、平成26年1月に国技館、江戸東京博物館、北斎美術館の所在地である両国の自宅に道場を開設しました。その後、平成27年に木下道場文京を立ち上げ、現在、両国、文京、江戸川の3カ所で稽古を行っております。

昇段審査は関昭二本部道場指導部師範にお願いしております。毎年1月3日には、関師範のご指導の下に正月稽古を行っていますが、たくさんの方々にご参加いただいています。

当道場は初心者が多いため、基本に忠実に、分かりやすい言葉を使い、また、高齢者にはゆっくりと怪我のないように年齢にあわせた指導に努めています。

中・上級者に対しては思う存分稽古ができるように、他道場及び本部道場会員との交流を深め、技の向上に努めております。殻に閉じこもった稽古にならないように楽しみながら稽古をしています。

また、毎年海外での交流稽古も行い、合気道を通じて親交を深めております。平成29年度は台湾、マカオ、仏ニースにおいて稽古を楽しみました。逆に海外からの稽古仲間も頻繁に稽古に来てくださるので、道場内はいつも国際色豊かです。

会員そして子ども会員の保護者等のご協力を頂き、毎年少年少女武道錬成大会や数々の演武会にも参加でき、当道場も会員が徐々に増え活気に満ちております。会員の健全な心身と豊かな人間育成を目標に日々稽古に精進し、合気道の更なる発展に努めてまいりたいと思います。

Data

責任者氏名 木下悦子　連絡先住所 〒130-0015 東京都墨田区横網2-4-4　電 話 03-5610-0628

E-mail aikidokdojo@gmail.com（ホームページ）　創立年月日 平成14年10月

稽古場所 両国道場 墨田区横網2-4-4　文京道場 文京総合体育館　江戸川道場 コミュニティプラザ一之江

稽古日・時間 両国道場 日曜日：一般 10:00-11:30　月曜日：一般 18:30-19:45　木曜日：シニア 14:00-15:00

文京道場 火曜日：子供 17:10-18:05 一般 18:05-19:05

江戸川道場 木曜日：一般 10:00-11:15　土曜日：子供 15:10-16:00、一般 16:00-17:15　会員数 55人

合気道相模和道会

神奈川県

合気道相模和道会は平成3年4月に同好会として発足しました。高校時代の合気道部の仲間数人で始め、平成4年4月に昭和第一学園の合気道部の顧問宮越紘先生（元全国高等学校合気道連盟理事長）と宮越先生の師匠、本部師範有川定輝先生の力添えにより正式に発足することができました（本部認可は平成5年4月）。

当会は、関係道場を含め週5回稽古ができるように曜日が組んであり、基本を大切に「明るく・楽しく・強く・厳しく」をモットーに励んでおります。

全日本合気道演武大会・全日本少年少女武道錬成大会・指導者研修会他、県連盟や市連盟の講習会・演武会並びに交友関係団体の演武会、高校合気道部の演武会等、積極的に参加しております。

年間行事としては、年3回審査（3・7・11月）を行い、年2回（6・12月）本部指導部の先生にお越し頂き、講習会を開き関係道場の参加者を含め先生を囲んでの懇親会を行っています。

年1回の夏合宿は8月に3泊4日で中学生以上の会員と昭和第一学園合気道部や穎明館中学高等学校合気道部（同部師範）と合同で行っています。

今年6月に25周年記念講習会・演武会を相模原市立北総合体育館で本部指導部の鈴木俊雄先生をお招きし講習会をして頂き、関係団体より多くの参加を頂き開催することができました。

これからも「和」のある仲間作りと青少年育成の為に、今後も合気道発展に頑張っていきたいと思います。

Data

責任者氏名 原 清　連絡先住所 〒252-0143 神奈川県相模原市緑区橋本3-7-16

電 話 042-772-4433　携 帯 090-3230-3266　E-mail aiki.wadoukai@tbz.t-com.ne.jp

創立年月日 平成4年4月1日　稽古場所 相模原市立北総合体育館柔道場

稽古日・時間 日曜日：子供 9:15～10:15　一般 10:15～11:45　水曜日：子供 19:00～20:00　一般 20:00～21:15
他に 火曜日・木曜日・土曜日 時間 同じ

会員数 65名

大阪府

合気道研修会道場

合気道研修会道場（中崎道場）はJR大阪駅から徒歩8分、地下鉄中崎町駅から徒歩3分の便利な場所にあります。

当道場は山口清吾本部道場指導部師範のご指導の下、山本益司郎先生が昭和39年に開設、昭和44年に（財）合気会傘下道場として設立されました。

当道場の指導者山本益司郎先生は昭和26年頃、17歳の時に開祖植芝盛平先生と出会われ、本部道場にて合気道を始められました。植芝盛平先生、吉祥丸先生、内弟子の方々に投げてもらったそうで、当時は何もわからずただすごいと感動するばかりだったと言われておられます。

その後、山本先生は社会人となって一時稽古を中断されましたが、大阪に転勤となり合気道を再開、生涯続ける覚悟で道場を開かれました。

当道場は、開祖の教え、吉祥丸二代道主の志、守央現道主の「合気道憲章」を大切に、「合気呼吸」「柔よく剛を制す」合気道を目指し日々稽古に励んでいます。

現在、合気道研修会道場傘下の道場も6道場となり、子どもから大人、お年寄りの方まで幅広く、男女を問わずみな仲良く汗を流しています。

当道場では毎年、新春祝賀演武会を開催し、夏の合宿では山や海の近くで楽しく、愉快に、真剣に、稽古鍛錬に励んでおります。

合気道研修会道場では、当道場にてご指導くださった山口清吾先生の教えにある「稽古生は合気道道主の臣下あると心得て、道主の志を大切に、又礼を忘れずに」を心に刻み、進んでいます。山本益司郎先生は今年83歳になられました。100歳での合気道を目指して毎日稽古しておられます。

Data

責任者氏名 山本益司郎　連絡先住所 〒530-0016 大阪府大阪市北区中崎1-6-14-1005

電話 06-6372-8251　携帯 090-9543-6387　E-mail aikido@aiki-ken.com　創立年月日 昭和39年

稽古場所 大阪市北区中崎2-3-12 傍島ビル4階

稽古日・時間 火曜日・木曜日・土曜日：19:00～21:00　会員数 45名（系列道場合計150名）

鳥栖祥平塾道場

佐賀県

　鳥栖市は、佐賀県の東部に位置し、古くから交通の要所として栄え、現在でも交通の利便性から企業進出も相次いでおり、人口増加が顕著で人口7万2千人程となっています。

　当道場では、菅沼守人師範（祥平塾道場長）のご指導の下、祥平塾直轄道場として平成4年1月10日に開設されました。

　稽古は、内田さんと戸渡さん2人の指導員による指導で、小学1年生から65歳まで50名程の会員が毎週土曜日の午後3時15分から4時30分まで、祥平塾のモットーである「今ここをいきいきと生きる」を目標に、「楽しい合気道」「厳しい合気道」の稽古に励んでいます。

　菅沼先生には、年3回来て頂いていますが、会員一同、先生が来られるのを楽しみにしています。

　先生は、稽古、審査の中で、合気道の基本の技は勿論のことですが、「大きな声で挨拶、返事ができる」「脱いだ靴はきちんと並べる」「道場をきれいに掃除ができる」こと等も大事なことですよと、やさしくご指導されています。

　今年の10月には、道場開設25周年記念の演武会を開催し、福岡、佐賀、熊本各県の祥平塾関係道場からも賛助演武をして頂き、会員一同一丸となって、開催に向けて準備を整え、無事当日を迎えることができました。

　今後は、会員が増えることも大事ですが、稽古を終えた後、「気持ち良い稽古ができた」と感じられるような稽古を心掛けていきたいと考えています。

Data

代表者氏名　菅沼 守人　　責任者氏名　内田 叉二

連絡先住所　〒812-0893 福岡県福岡市博多区那珂5-2-32（祥平塾事務局）

電話　092-431-9104（祥平塾事務局）　　E-mail　shoheijuku@nifty.com

創立年月日　平成4年1月10日　　稽古場所　鳥栖市勤労青少年ホーム多目的ホール

稽古日・時間　毎週土曜日：15:15～16:30　　会員数　約50名

Aikido《合気道》 World《ワールド》 Report《レポート》

先生方の地道な指導の成果により、
現在合気道の輪は世界130の国と地域にまで広がっています。
各国での活動報告の一部をご紹介します。

Argentina

アルゼンチン50周年記念講習会

アルゼンチン50周年記念講習会は、植芝守央道主を迎え、ブエノスアイレスのガリシア会場クラブにて開催。講習会は10月14日、15日の両日で3回行われ、7カ国1000人が参加した。

14日の開会式ではルイス・グスアルゼンチン合気会連盟会長が「倉田勝利師範は、この50年間、親切、一生懸命多くの方に合気道を教えてくださいました。師範のお力により生まれた日本とアルゼンチンの交流は、吉祥丸二代道主、現道主をはじめ、多くの本部道場の師範にお越しいただき、今なお続いております」と挨拶。

在アルゼンチン日本大使館福嶌教特命全権大使は「アルゼンチンに合気道を普及した功績として、日本政府より倉田師範に50年間の感謝をこめて表彰状をお渡ししたいと存じます」と挨拶。

倉田師範は「合気道は1人ではできません。必ず相手が必要です。この表彰状は私だけのためにではなく、合気道家の皆様のためにあります。

弟子から合気道とは何かと尋ねられた開祖は、『合気道とは稽古です』と答えました。この答えはとてもシンプルですが、深い意味があり、大切なことだと思います。合気道は稽古、これから道主のご指導のもと皆様一緒に稽古をしましょう」と挨拶。

続いて道主は「アルゼンチンの地で倉田師範はじめ多くの先達がご尽力された結果、これほど多くの方々が合気道を稽古するようになりました。今日を境に、アルゼンチンと日本の交流がますます深まることを祈念いたします」と挨拶、講習会に移った。

講習会で道主は、時間の限り多くの参加者の手を直接取って指導した。

倉田師範の周りに集まったアルゼンチンの指導者達が、しっかりと師範を支え、2日間の講習会は終始和やかな雰囲気に包まれていた。

倉田勝利師範に外務大臣表彰

国際関係の様々な分野で活躍し、我が国と諸外国との友好親善関係の増進に多大な貢献をし、特に顕著な功績のあった個人および団体に、その功績を称え、その活動に対する一層の理解と支持を広く国民各層に広めるため、毎年、外務省は外務大臣表彰を行っている。

今年度の表彰者が平成29年6月29日、外務省より発表され、前アルゼンチン合気道連盟会長の倉田勝利師範が長年にわたる「日本とアルゼンチンの相互理解の促進」への貢献を認められ表彰された。

Brazil

ブラジル、サンパウロ講習会

9月27日から10月4日まで、伊藤眞本部道場指導部師範がブラジルのサンパウロ市を訪問し、インスティチュート・タケムス主催の講習会で指導を行った。

到着した翌日から3日間で、2時間の講習を4回行った。世界最大の日系移民社会があり、日系人の参加もかなり多い。

広大なブラジル各地から200人程が集まり、汗を流した。真剣な稽古態度と、ブラジルらしい親密さが伝わる、心地よい時間を過ごした。

Russia

ロシア・サマラ小天狗道場

栗林孝典本部道場指導部師範は、7月6日から11日まで、ロシア合気会合気道連盟小天狗道場（ドミトリー・ツゥパエフ道場長）主催講習会のため、ヴォルガ川沿いの町サマラを訪問した。

講習会は7日夜から9日夜まで、各1時間半ずつ、計5回の稽古に、子どもも含め毎回130人程が参加した。小天狗道場では少年部の会員が大変多く、年齢層の子ども達が、世代の枠を超えて互いに切磋琢磨しあう姿が見られる。

最終日には昇段審査を実施し、新たに4名の四段と2名の三段の昇段者があった。

ロシア・登竜門会講習会

9月15日から17日まで、金澤威本部道場指導部師範がロシアのモスクワで活動している合気道登竜門会の要請により、講習会の指導と昇段審査を行った。登竜門会での指導は昨年に続き2回目となる。

登竜門会は3年前に設立され、現在12の道場で、大人約60人、子供約200人が稽古に励んでいる。今回の講習会には、登龍門会のほかモスクワの様々な道場やモスクワから離れたウファ、カザンからも駆けつけ、約100人が参加した。

講習会はモスクワ市内のイズマイロボ・スポーツセンターで行われ、大人クラスが6回、子どもクラスが1回行われた。金澤師範は大人のクラスでは、指導が2年目ということもあり、基本技を繰り返しその中で体捌きを意識して稽古した。子どもクラスには25人が参加、受け身や入り身投げ、第一教を稽古した。

ロシア・サンクトペテルブルク

6月22日より27日まで、ロシア・サンクトペテルブルクにあるAAACの春期講習会の指導を、桂田英路本部道場指導部師範が担当した。

ロシアの13都市および、ウクライナ、ウズベキスタン、ベラルーシにあるAAAC傘下の道場代表者ら150人が参加した。

桂田師範からは「2年に1度訪問しており、今回が4回目だが、年々実力も上がっており頭が下がる思いである。連盟としてもどんどん道場を新設したり仲間を増やすなど、運営面でも順調に努力の結果がついてきており、代表のタギロフ氏、ザウルベック氏の人徳と実力なのだなと思った。これからの発展を期待したい」との後日談があった。

France

FFAB主催夏期講習会（レスネヴァン）

FFAB主催夏期講習会は、7月15日から23日までフランス共和国・レスネヴァン市で行われ、山田嘉光師範（ニューヨーク合気会）からの招待で入江嘉信本武道場指導部師範が18日から22日まで参加した。

この講習会は、長年田村信喜師範が山田師範を招いて開催していたFFABの夏の一大イベントで、道主も9年前に訪問されている。

8日からの講習会は、1日5回の講習が組まれ、午前2回を山田師範と入江師範が指導を担当、午後3回は菅敏朗師範をはじめとする連盟指導者が担当した。フランス国内はもとより各国から250人の参加者が共に汗を流した。

来年は第40回目にあたり、また山田師範が傘寿を迎えられることから盛大な記念講習会になるであろう。

United Kingdom

UKAサマースクール

8月18日から27日まで、小林幸光本部道場指導部師範がイギリスバーミンガムのUKA（G・ジョーンズ会長）サマースクールに派遣された。

講習には同国のUKA、BAF、毘嵐会、N・ロンドン合気会等をはじめ、フランス、ギリシャ、日本等から約120人が参加した。

期間中1日5回の講習が行われ、連日2〜3回のクラスを小林師範が指導。講習会最後には昇段審査も行われた。

BAFサマースクール

8月18日から26日まで、金澤威本部道場指導部師範が、英国合気道連盟（BAF）主催のサマースクールで指導するため、英国のチェスターを訪れた。

サマースクールは8月20日から25日まで、参加者全員がチェスター大学内の宿泊施設や近くのバンガローに団体で泊まり込み合宿のような形で行われ、英国の他、オランダ、ポーランド、ドイツ、ロシア、ベラルーシ、日本など様々な地域から165人が登録した。

期間中2つの道場で1日7つのクラスが行われ、BAF技術委員の金塚稔師範とBAF指導員、金澤師範が主な指導に当たった。参加者は2つのグループに分けられ、グループごとに受けるクラスが決まっており、参加者が偏ることなく色々な先生の指導を受けることができるように工夫されている。

また昇段審査も行われ、初段8名、二段3名、三段3名、四段1名が昇段した。

英国毘嵐会夏合宿

伊藤眞本部道場指導部師範が、7月22日から28日まで、英国毘嵐（びらん）会に招かれ、ウスター市で行われた夏合宿にて、講習会指導を行った。

稽古は7日間にわたって行われ、伊藤師範は午前午後の1時間ずつを担当。毘嵐会は故・千葉和雄師範が創設した団体で、アメリカ・ヨーロッパを中心に、千葉師範の薫陶を受けた指導者が、その教えを継承している。合宿には国内各地から約60人が参加し、他団体からの参加者もあった。

合宿は早朝の座禅から始まり、1日5回の稽古を行う充実したものだったが、会員達の稽古に対する真摯な思いが伝わってくる、非常に心地よい7日間だった。

Poland

ポーランド秋期講習会

9月21日から26日まで、小林幸光本部道場指導部師範がポーランド合気道協会（P・ボロワスキー会長）の秋期講習会に派遣された。

講習は金曜から日曜まで1日4回（各1時間）行われ、小林師範が指導を担当した。稽古は初心者から有段者まで、クラスを分けずに合同で行われた。

講習には地元ポーランドをはじめ、オランダ、チェコ、ドイツ、イギリス、日本等から、約150人の会員が参加した。

また、期間中に昇段審査が行われ、初段2名、二段3名、三段2名が合格した。

Norway

ノルウェー合気会 創立40周年記念行事

ノルウェー合気会創立40周年記念講習会並びに演武大会は7月6日から11日まで、植芝充央本部道場長を迎えノルウェー（オスロ）のグランスハレンの道場で開催された。ノルウェー国内の道場をはじめ、スウェーデン、フィンランド、イギリス、日本など国外8カ国からの参加を含め総勢約170人が集まった。

講習会は4日間で7回行われ、初日の午後にビオン・オルセン師範（ノルウェー合気会）が1時間半指導し、2日目以降の6回を植芝本部道場長が指導した。

植芝本部道場長は基本の体捌きを常に意識して稽古することを強調しながら指導を行った。

8日の午後の講習会後には記念演武会が行われた。ノルウェー国内の道場、海外の招待道場の演武と続き、ビオン・オルセン師範の自由演武、最後に植芝本部道場長の総合演武で締めくくられた。

ノルウェー国内外から集まった方々は皆熱心に稽古に取り組み交流を深め、ノルウェー合気会40周年記念行事は全日程を通じ無事に終了した。

オスロ合気道クラブ主催講習会

9月14日から19日まで、栗林孝典本部道場指導部師範が、ノルウェー合気会傘下オスロ合気道クラブ（エリック・ヴァーネム代表）主催講習会のため、北欧ノルウェーの首都オスロを訪問した。

講習会は例年通りオスロ郊外にあるタッセン小学校の体育館に畳を敷き詰めて行われた。今回もノルウェー国内各地はもとより、隣国スウェーデンや、ドイツ、オランダ、ベルギー、フランスからの82人の参加者が3日間にわたり熱心に稽古に励んだ。

Indonesia

IAIインドネシアセミナー

9月15日から19日まで、森智洋本部道場指導部師範がインドネシアの首都ジャカルタを訪問し、IAI（インスティテュート合気道インドネシア）のセミナーを指導した。

講習会はインドネシア協同組合・中小企業省内の一室に畳を敷き行われた。16、17日両日、2時間の稽古が3回行われ、その後、昇段審査が4時間超行われた。講習会の参加者は約180人、審査は54人が受験し、全員合格した。

インドネシアはイスラム教徒が多い国だが、稽古は男女一緒に行われている。女性はヒジャブをつけている人も多いが、普通に稽古をしていた。

Singapore

シンガポール講習会

9月7日から12日まで、伊藤眞本部道場指導部師範がシンガポールを訪問し、誠道場、グルカ道場、正気塾の合同での講習会を行った。

金曜と土曜は、午前1時間半の稽古をグルカ道場で行い、午後2時間は誠道場での稽古。70人が参加し、蒸し暑い道場の中、稽古に汗を流した。

日曜日は稽古後に審査を行い、二段11名、三段2名が合格した。

ルーマニア合気会創立20周年記念講習会・演武会

Romania

ルーマニア合気会合気道連盟創立20周年記念講習会・演武会は、9月15日から17日にクルジュナポカにて開催された。講習会には植芝充央本部道場長をはじめ、井沢敬IAF理事長他、近隣各国より講師を招聘し、市内の体育館に22カ国より500人を超える参加者が集った。本講習会・演武会は在ルーマニア日本大使館、EUスポーツ庁関係、ルーマニア国内の報道や会員の関係する企業・団体などの多くの後援を得て盛大に催された。

植芝本部道場長は15日午後、16日午前・午後、17日午前に講習を担当。基本技を中心に基本の体捌き、姿勢を大切に、技の繋がりを意識するよう指導。17日の講習では、指導者の動きをよく見ることを強調し、説明を用いず稽古の在るべき姿を示した。16日午後の講習後にはルーマニア国営放送による植芝道場長への取材・インタビューが行われ、後日ルーマニア国内で講習会の様子と併せて放送される。

17日の演武会では、講習指導を担当した各講師の演武が披露され、締めくくりとして植芝道場長による総合演武が行われた。

オランダ（CABN）

Netherlands

7月21日から27日まで、佐々木貞樹本部道場指導部師範が、オランダ王国カストリカムに滞在し、カルチュラル・アイキドウ・ボンド・ネーデルランド（以下CABN）主催の定例夏期講習会で稽古と昇段審査が行われ、オランダ国内6都市から約90人が参加した。参加者の半数以上が10代から30代の若年会員達で占められ、また、これに50代から60代の会員も分け隔てることなく入り交じり、稽古は緊張感を保ちながらも終始明るく活気溢れる雰囲気の中進められた。

28日の午前には昇段審査が行われ、初段1名、二段3名、そして三段2名が受験し、全員が合格した。

column 海外出張指導 滞在記 ルーマニア編／植芝充央 本部道場長

2度目のルーマニア出張。往路は国内の高速が通行止めかとの情報が入った。経由地（ミュンヘン）では飛行機が欠航となり、急遽一泊した。講習会と演武会が全部終わった最終日夕方には、これからパーティーだという時に強風と雨でホテルを含めた街一帯が停電。復路の飛行機も1時間遅れ、絵にかいたようなドタバタ劇であった。

停電の中での一枚

このような出張で思うことは人との繋がりの強さである。高速の正しい情報は本部の会員からの連絡で得た。経由地ではたまたま同じ飛行機に乗る予定だった仕事帰りの現地会員が、現地の責任者に状況を連絡してくれた。停電も皆でキャンドルを用意して楽しく電気の復旧を待てた。周りの方々のおかげで困難もすべてクリアできた。そんな皆さんの心に感謝。

折り鶴（奥が今回の鶴）

また前回のルーマニア出張で作った折り鶴を主催者のドリン・マーチェスさんは大事に保管してくれていた。次来たらまた折るねと言って帰ったことを思い出し、苦手ながらも折り鶴を作り、約束が果たせてほっと一安心。少しでも皆さんの心にお返しできれば……。

次は南アフリカに出張。多少のアクシデントは構わない。アクシデントを糧に人との繋がりを感じられるのなら。できれば波乱のない平穏な出張であってほしいのだが……。

ドイツD.A.N.セミナー

Germany

9月7日から13日、森智洋本部道場指導部師範が、ドイツ・バイエルン州の小都市カウフボイレンを訪問しD.A.N.（ダイナミック合気道ノケ）のセミナーを指導した。D.A.N.は合気道の草創期に海外から初めて本部道場の内弟子となったフランス人、アンドレ・ノケ氏が作った団体で、森師範は昨年に続いての指導である。

今回の講習会は9、10日の両日にわたって開かれ、2時間の稽古が4回と審査が行われた。参加者は約70人、審査は16人が受験し、全員合格した。D.A.N.はドイツ、イギリス、ベルギー、フランスにまたがっている団体でドイツ国内だけでなくイギリス人、ベルギー人も参加していた。

メキシコオリンキ会創立20周年

Mexico

9月6日から12日まで、メキシコのオリンキ会創立20周年、第17回国際講習会のため、藤巻宏本部道場指導部師範が、メキシコシティを訪問した。

講習会には、メキシコシティはじめ、タンピコ、モントレなど様々な地域から集まり、海外からは米国、ブラジル、オランダからも参加があり、計20団体約100人が稽古に汗を流した。講習は午前1時間半、午後2時間、6回を藤巻師範が、1回をオリンキ会代表のマヌエル氏が担当した。

初日の深夜、チアパス州にて震度8以上の大地震が発生。メキシコシティもかなり揺れ、翌日公共の施設はすべて閉鎖、講習会場も閉鎖となったが、早朝多くの参加者が開場前に集まり施設に懇願、夕方の再開へとこぎつけた。週末には審査も行われ、初段3名、三段2名、四段3名が合格した。

ブルガリア至優館合気セミナー

Bulgaria

至優館合気道セミナーは、9月8日から10日、ブルガリアの首都ソフィアから東300キロのスリヴェンにて開催。本部道場指導部から櫻井寛幸師範が派遣された。

セミナーはスリヴェンのホテルスポーツパレスに併設された道場で2時間のセミナーが5回行われた。最終日に審査が行われ、1名が初段、2名が二段に昇段した。

セミナー前2日間に、至優館支部道場ソフィアにて1回、スリヴェンから30キロ離れたヤンボルにて1回の指導が行われた。全期間中、天候に恵まれ、国内各地、ルーマニア、セルビア、オランダ、モルドバ、ウクライナ、ロシアより連日50人から80人が参加した。

モンゴル巡回指導

Mongolia

8月31日から9月4日まで、日野皓正本部道場指導部指導員が、本部道場巡回指導の一環としてウランバートルを訪問した。

9月1日夜より3日までの週末で1時間半の稽古を5回、最後に初段2名、二段1名の審査を行った。

市内の教会内にある道場で行った稽古にはモンゴル合気道協会の会員が子どもを含め約30人、日本より3人が参加。基本的な体捌きを中心に、歩幅や軸の保ち方を確認した。最終日の審査では全員合格とし、今後の課題を再認識した。

シニアボランティア活動紹介 *vol.05*

ヨルダンの合気道

Jordan

現在、世界130の国と地域に広がる合気道。さらなる世界発展のための一翼を担うのは、シニアボランティアとして派遣され、現地で活躍している方々です。現地の息吹までも伝わる活動報告をご紹介します。

二階堂 充（札幌国際合気会）
Mitsuru Nikaido

はじめに

ＪＩＣＡシニアボランティア合気道指導員として、２０１５年４月～２０１６年２月の約11カ月間、ヨルダン国の首都・アンマン市のプリンス・ラシッド体育館に於いて合気道の指導を行いました。本来であれば活動期間は２年間なのですが、義父が病で倒れ、やむなく任期を短縮し帰国しました。その後も現地とは連絡を取り合っていましたので、義父の死後再訪を計画し、２０１７年８月に指導・審査を行ってきました。

ＪＩＣＡシニアボランティアを志す

私は24歳から合気道を始めましたが、50歳代に入り、定年退職後は合気道を世界に広げる活動に貢献したい、と考えるようになりました。と言うのも、私が36歳の時、ロシア・シベリア最大の都市ノボシビルスクに合気道を紹介する機会が回ってきたのです。その時同行されたうちの１人が、現・札幌国際合気会師範の今村樹憲先生でした。それを機に、極東地域のハバロフスク、ウラジオストク、ユジノサハリンスクなどで指導するようになり、外国で指導することに抵抗はありませんでした。

そして、２００８年第10回国際合気道大会（和歌山）のパーティの席で、工藤剛先生著『カンボジア通信（ＪＩＣＡシニアボランティア活動の記録）』を頂く幸運に恵まれ、いつか自分もそうしたい、と考えるようになりました。

２０１４年春のＪＩＣＡ募集で、カンボジアとヨルダンの２国から要請があったのですが、トルコで合気道指導をされている武林広高氏より〝近いからヨルダンに来ませんか〟と誘われ、ヨルダンに決めました。

当時私はヨルダンについて、ＩＳ（テロ組織）などに関する危機感はほとんどありませんでしたし、実際、アンマン市内をはじめヨルダン国内は平和そのものでした。

ヨルダン合気道の歴史

ヨルダンで合気道が行われ始めたのは１９９０年代の様で、ＪＩＣＡの前身である国際協力事業団から２～３人の若者が派遣され、普及活動に尽力されたようです。21世紀に入り、マレーシア・クアラルンプール市在住の山田惇師範の下で合気道を稽古されていたラジー氏が、在アンマン・マレーシア大使館員としてヨルダンに赴任、現地で合気道活動を始められ、その後、山田師範が２００２年10月に現地で講習会及び段級審査を行ったのを機に定期的にアンマンを訪れ指導をされています。私の前任者の鈴木康真氏は、２０１１年９月～２０１４年１月の２年３カ月間指導を行い、２０１３年５月には演武会を開催されました。

活動状況

ここの道場を運営しているのは、

ヨルダン・オリンピック委員会の下部組織である「ヨルダン合気道委員会」です。稽古は、週3回（日、火、木）、18時〜20時の時間帯に行われ、不定期に金曜日・土曜日に行うこともありました。プリンス・ラシッド体育館では合気道の他に、柔道、空手、剣道、居合道、テコンドー、ムエタイ等が活動しており、活動場所・時間の十分な確保は難しく、畳もその都度敷く必要がありました。稽古に参加するのは常連者が15名ほどで、時々稽古に来る者を勘案しても会員は30〜40名位でしょうか。

稽古の様子

　1カ月間単位で稽古内容の構成を考えました。1回の稽古は、前半・後半それぞれ50分間、休憩10分間で、前半は体操、体捌き（入り身、転換）、受け身、一〜四教、四方投げ・入り身投げ・小手返しを中心に、後半は五〜六教・回転投げ・天地投げ・腰投げ・十字投げ・腕がらみ・合気落とし・呼吸投げ、等の応用技を行い、最後に座り呼吸法です。また、受けの攻撃方法は前半・後半でそれぞれ1種類にしました。例えば、交差取りで一教・四方投げ・入り身投げ・小手返し、といった具合です。攻撃の種類も10種以上あり、立ち技・半身半立ち技・座り技もありますので、技のバランスが良くなるよう心掛けました。また、剣・杖の稽古も1週間に1度は取り入れました。

　稽古の際、正面に開祖の写真を飾るのですが、イスラム教では偶像崇拝は禁止なので彼らは座礼をしません。稽古の際の互いに向き合っての座礼も然り。これは最初違和感がありましたが、頭をチョコッと下げてくれるので、それで良しとしました。また、イスラム教では1日に5回お祈りをしますが、稽古の休憩時にはお祈りをしていました。宗教が日常の中に定着していることを感じました。

　審査ですが、２０１３年3月以来実施されていませんでしたが、２０１５年8月の審査で五級を1名、11月の審査（山田師範に依る）で四段1名、二段1名、初段3名、一級・四級・五級をそれぞれ1名ずつ誕生させました。また、私の帰国後の２０１６年8月、山田師範に依り、四段1名、三段1名、二段1名、初段3名が誕生しています。

今後に向けて

　２０１７年8月ヨルダンに10日間滞在し、1年半ぶりにアンマン道場の皆と稽古をしましたが、「入り身・転換」を大事にしていてくれたこと、審査（山田師範に依る）で四段1名、二段3名が誕生したことは、実に嬉しいことでした。合気道には試合がありませんので、定期的な審査は必要条件になります。海外の道場にとって、日本人指導者が定期的に訪問し指導・審査をすることは強い願いです。

　ヨルダンはヨーロッパに近いので、そちらでの講習会・審査を受ける機会がありますが、２０１５年の滞在時、「合気道にはジャパンスタイルとヨーロッパスタイルがある、私はジャパンスタイルが好きだ」と語った者がいました。外国の映像を見てその感じは掴めましたが、原点は合気道開祖ですので、なんとかそれを外国の方にも伝えたいと思います。

　今後の「ヨルダン合気道委員会」の目標は、（公財）合気会本部の公認団体認定です。今回の訪問で第2道場での活動を確認出来ましたが、有段者が増え新入会員も常にあるようなので、これも嬉しい出来事でした。次回の訪問は２０１８年3月の予定です。ヨルダンで合気道の稽古に精進してくれる彼らのためにも、私もまた進化しなければ、と気を引き締めています。

合気道仲間の
お仕事拝見!

獣医師 髙橋恒彦

本部道場から徒歩5分と離れていない抜弁天で生まれ育ち、
現在は清潔で設備の整った動物病院を開業している髙橋さん。
動物の健康と飼い主さんの心を同時にケアする忙しい日々の中、
合気道を続けていく秘訣はその〝マイペース〟にありました。

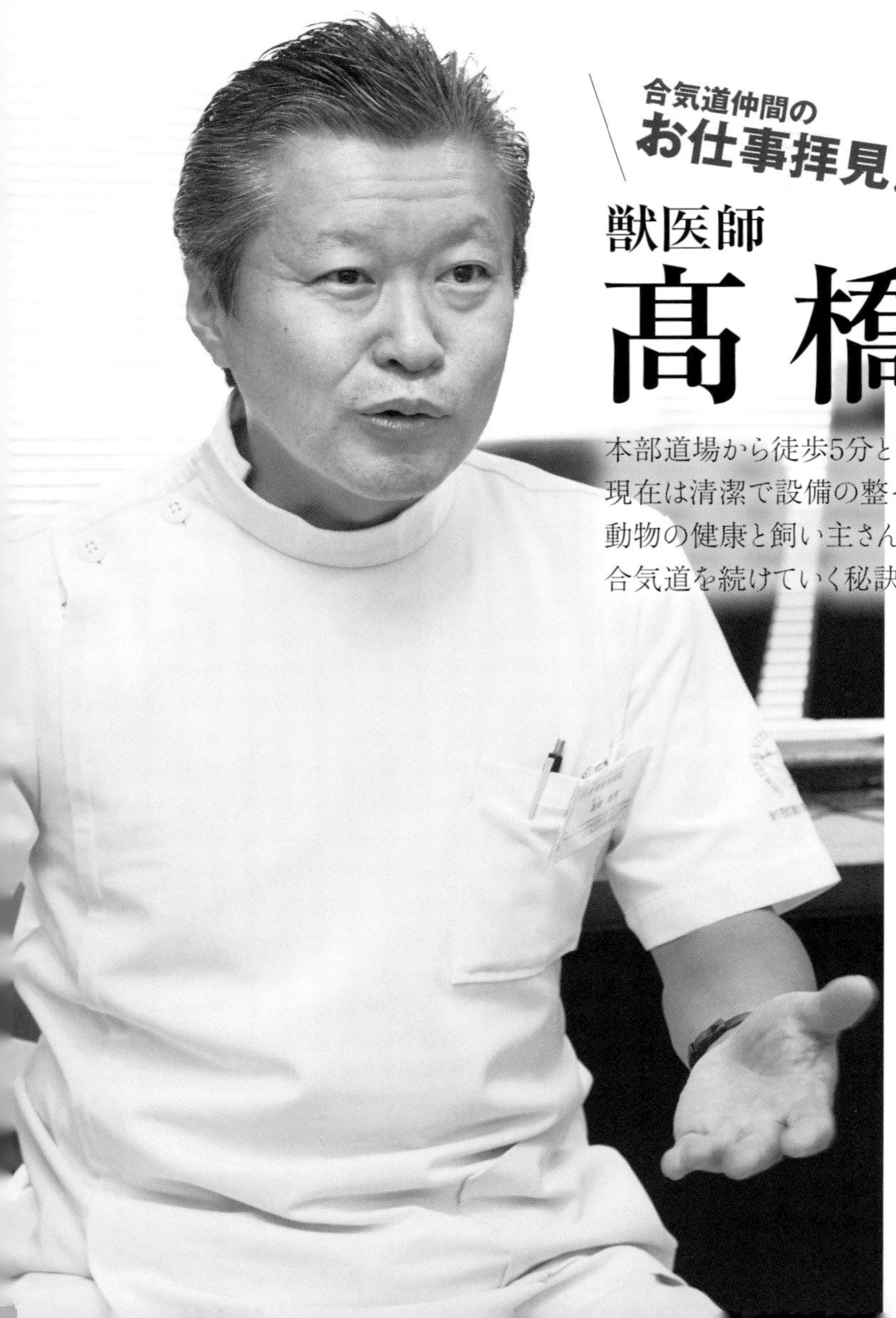

子ども時代の動物好きから獣医師に

新宿区若松町の、合気道本部道場のすぐ近くで生まれ育ちました。私が子どもの頃はまだ近所に空き地がありましたし、緑も身近でした。戸山公園には虫やトカゲがいて、捕まえて遊びましたね。

虫好きからはじまって、小さい頃から動物が好きで、小学校2、3年のときに犬を飼いはじめました。末っ子だったので、弟のようでかわいかったです。

雨の日に、よその犬に噛まれて大けがをしたことなどを、子ども心に強烈に覚えています。ひどく心配しましたが、幸いにも太っていたおかげで(!)、噛み傷が致命傷にはならず、獣医さんに処置していただいて元気になりました。

「そのときの獣医さんに感動して獣医師になった!」という美談では、残念ながらありません(笑)。当時はまだ子どもで、そこまで考えていませんでしたね。

しかし、両親が「好きなことをどんどんやりなさい」というタイプだったので、結果的に動物好きの延長で獣医師になりました。世の中の職業は、〝好きだからなる〟というものばかりではありませんから、好きなことが仕事につながっているのは幸せなことだと思います。

大けがをした犬は、獣医師になるまで生きていてくれました。15、16歳で亡くなりましたが、最期は私が獣医師として看取ることができました。

明るい病院の受付の様子

清らかでかっこいい動物たち

動物が好きとはいえ、命に向き合う仕事なので葛藤もあります。

今は人間だけでなく、ペットに対してもさまざまな高度医療が用意されています。しかし動物に高度医療を施すことがいいことなのか、正直なところよくわかりません。

もちろん選択肢として、飼い主さんに高度な治療法を示すことはします。ただ、それがかえって彼らを苦しめているのではないかとも思うのです。

ペットの命を救うことはできても、介護や金銭面の負担を飼い主さんに強いることにもなります。また、ペット自身がそれを望んでいるかもわからない。

本質的な生き方は、医療よりも自然の力が与えてくれるような気がします。動物は自分の運命を受け入れるだけ。ジタバタせずに、食べたければ食べるし、食べられなければ拒絶して死んでいく。清らかでかっこいいと思います。

ただ、野生動物とちがってペットは人間のために存在する動物です。だから、飼い主さんの気持ちは大切だと思います。いつかは命の終わりが来るけれど、それを受け入れてもらえるかどうか。

動物を治療して、元気になったので感謝されることはよくあるのですが、亡くなったときに感謝されることもあります。終末期のケアに納得していただけたということですから、そんなときは獣医師として嬉しく、やり甲斐を感じます。

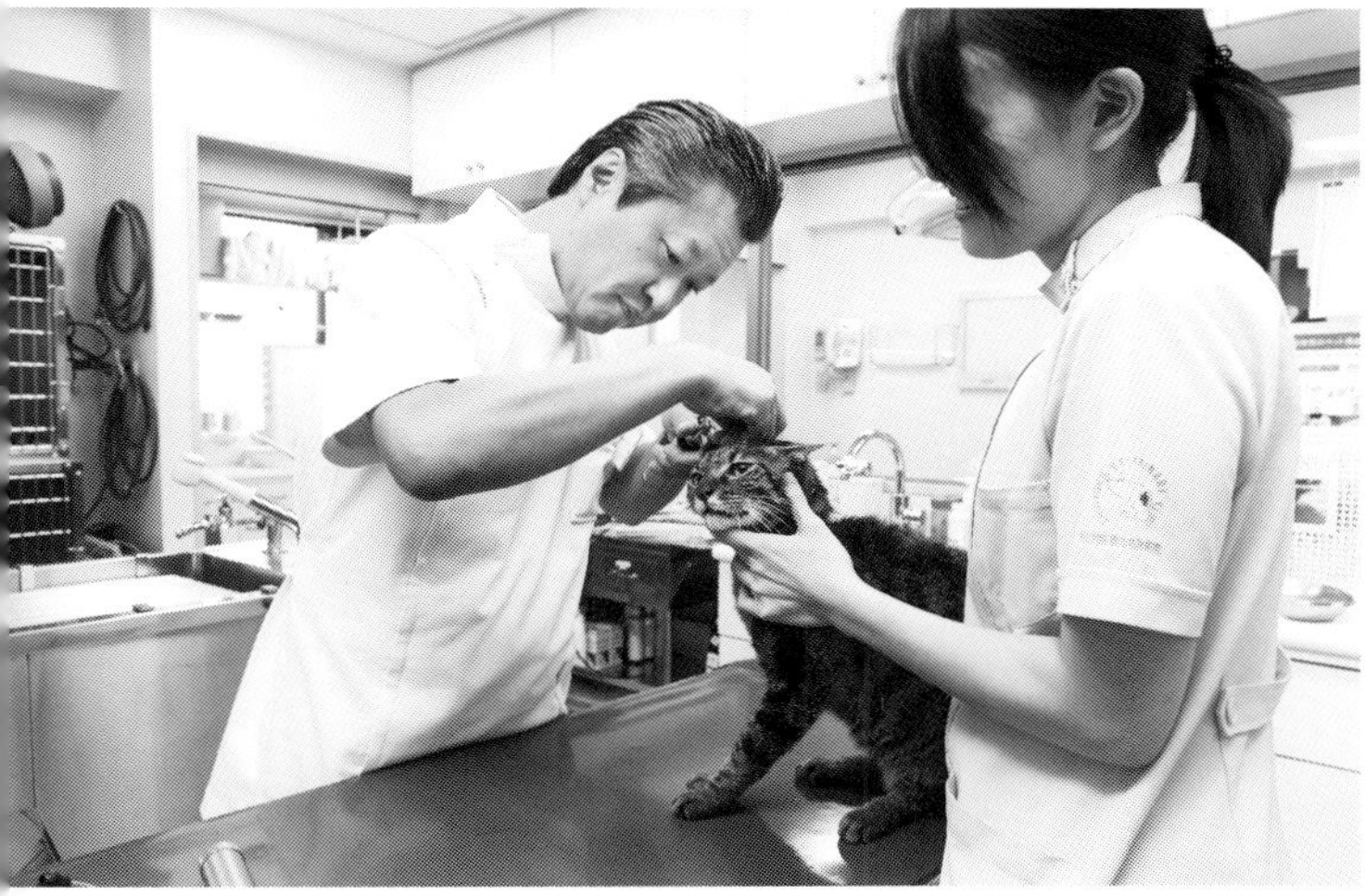

診察中の髙橋さん

朝稽古からはじまる、さわやかな一日

生まれ育ったところで開業しているので、以前から病院には、道主をはじめ本部道場に通う方たちが多く来院してくださっていました。子どもの頃から本部道場はずっと身近な存在でした。

長い間、ろくに運動もしない冬眠状態の私でしたが、道場に通うご近所の方に勧められて、47歳の誕生日前日に思い切って道場の門をくぐりました。

6時半から、遅くとも7時からの朝の稽古に、風呂敷に道着を包み、ギョサン（小笠原諸島で漁業者用に作られたサンダル）を履いて通っています。6時頃に家を出るのですが、50年以上も住んでいるこの抜弁天が、こんなにも美しくさわやかな場所だったのかと気づいて感動しています。朝はやはり、空気が澄んで景色もちがって見えますね。

そして、稽古から一日をはじめる気持ちよさも知りました。合気道をはじめるまで、こんなにもたくさん汗をかくということを、すっかり忘れていました。姿勢もずいぶん良くなったと思います。週に何日も通えるわけではありませんが、稽古をしてから仕事をする日は、なんだかスッキリとしています。

“動く座禅”合気道をマイペースに続けたい

人は成長するにつれて合理的な動きをするようになってきて、ムダなことはしなくなりますよね。でも合気道は日常ではやらないような動きをしたり、大人になってから転ぶこともなくなったのに、わざわざ畳に転がったりするわけです。でもそれが、いつも眠っている器官の感覚を研ぎ澄ましてくれるのかもしれません。そんな心地よさがあります。

合気道は、とにかく自分なりに「今日はここにこだわってみよう」と決めて、先生の動きを真似ながら気づいていくものだと思っています。ひとつできるようになったら、また次に課題が見つかる。だから、終わりがありません。無理をせずに一歩

かけがえのない場所で 合気道の奥の深さを 追求していきたい

profile
髙橋恒彦 たかはし・つねひこ
個人病院のきめ細やかさと大学病院の安心感をコンセプトに、1990年に新宿動物病院を、94年には豊島分院も開設。獣医医療の最新情報や技術の提供に加えて、心情面にも配慮した診療を心がけている。47の手習いで合気道をはじめ、本部道場の朝稽古に参加。現在初段。

一歩、ずっとマイペースに続けていきたいですね。

そんな考え方のせいか、昇段にはあまり興味がありません。熱心な稽古仲間からはもっと段位を上げみては？　とアドバイスもいただきます。でも合気会自体は、私のようなマイペースな関わり方も認めてくださり、昇段を急かされるようなことはありません。

合気道は、〝動く座禅〟のようなものではないでしょうか。続けることに価値があり、続けることで何か見えてくる。大人だからこそその良さを感じることができる、奥の深い世界です。

以前は子どもたちも道場に通わせていて、親子で一緒に合気道をやるのが夢でしたが、子どもたちは楽しさがわからずやめてしまいました。でも、大人になって奥の深さが理解できたら、また戻ってきてほしいですね。実際に、成長してから再開する人は多いようです。

道場は心のよりどころ

合気道をはじめて良かったことのひとつに、人間関係の広がりがあります。

獣医師の世界は狭いです。獣医師になれる大学は日本に16しかないため、たとえ初対面でも大学名を聞けば、「じゃあ○○先生の1期下ですね」と必ず知人とつながるんです。でも、合気道では大学の先生や企業にお勤めの人など、さまざまな職業の幅広い年齢の方たちと出会えました。お城を持っている外国人もいましたし、自分のまったく知らない世界の話を聞けるのでおもしろいです。

大人になると褒められる機会はなかなかないものですが、道場では「髙橋さん、だいぶ体が柔らかくなりましたね。前とは全然ちがいますよ！」なんて褒められることもあって（笑）。やっぱり、褒められるって嬉しいですね。

初段になったときは、朝稽古をご一緒している仲間たちから寄せ書きをいただいたんですよ。生まれてはじめてもらった寄せ書きで、これもすごく嬉しかったので、今でも大切にしています。

私はストイックに稽古を重ねるタイプではなく、マイペースに道場通いをしてきました。それでも合気道の奥の深さをこれからも追求していきたいし、仲間も増えて、自分の中では道場がかけがえのない場所になっています。

すごく都合のいい表現で申し訳ないのですが、私にとっての道場は、神社やお寺のようなイメージです。毎日のように通うわけではないけれど、お参りしたくなったら必ずそこに存在してくれているもの。行きたいときに行けて、必ずそこにあってくれなければ困るもの。

移り変わりの激しい世の中で、たとえば久しぶりに訪ねた食堂がなくなっていた、ということはめずらしくありません。でも、お寺や神社はそうじゃないですよね。道場も同じ。これからもずっと、私の心のよりどころでいてほしいです。

【左】朝稽古に励む　【右】稽古仲間からの寄せ書きとともに

特別寄稿

合気道本部道場朝稽古
1万日達成

村井謙介
合気会評議員

コツコツと稽古を続けて50年。
ついに朝稽古1万日を達成された村井謙介氏(七段)より、
1万日までの道のりを、
合気道人生を振り返りながら語っていただきました。

稽古仲間と。左から2人目筆者

合気道を始めて今年で50年、気がつけば後期高齢者の仲間入り、昨年正月初めに1万日を達成し、多くの朝稽古仲間に祝福していただきました。

開祖植芝盛平翁、吉祥丸二代道主、守央現道主、充央道場長に朝稽古で直接指導していただいています。

開祖は、私が入門してから2年ほど接する機会をいただきました。直接手を取って稽古をつけていただく機会こそありませんでしたが、そのオーラに圧倒されたものです。眼光鋭く、声は大きく、朝の禊ぎの行は毎日変わることなく、その言霊は入門したての初心者には理解しがたいものでした。冬季に長時間正座で拝聴していると、寒さと足のしびれで早く稽古で動き回りたいと思いました。動き始めても開祖の動きは自在で、いまどんな技をやられたかは判別できず、先輩に習って稽古をしていました。

そんな私でも理解できたのは、稽古はとにかく続けること、5分でも道場の空気に触れなさい、若い時は力一杯やりなさいという言葉でした。

吉祥丸二代道主は、大学の先輩ということもあってか親しく指導していただきました。私は朝早く来て、道場の最前列の真ん中に位置し、熱心に吉祥丸道主の動きを見ていましたら、いつしか最初の正面打ち入り身投げの受けを内弟子に代わって取らせていただいたことが数年続き、ますます稽古にのめり込んでいきました。

よほどのことがない限り、台風の時も休まず道場に向かいました。その頃は、1万日も朝稽古を続けるとは思ってもいませんでした。

吉祥丸二代道主から言われた、薄紙を重ねるように稽古を続けなさいという言葉に励まされました。

私が30歳直前に縁あって結婚することになり、迷わず吉祥丸二代道主に仲人をお願いしたら、快く引き受けていただきました。あとで知ったことですが、その当時内弟子以外仲人を引き受けることはなかったということで、とても嬉しく思いました。

現道主が吉祥丸二代道主から道統を引き継がれ最初の鏡開きに代わる昇段授与式に、渡辺氏、山本氏とともに七段の証書を直接いただき、朝稽古を盛り上げていこうという気運が一層高まり、その後の高い出席率につながっていきました。

1万日で何が得られたかという解はまだありませんが、朝の代々受け継がれた道場の気、大地の見えないパワーを全身で受け止め、手、肘、肩、腰の関節を緩め、体幹の円転、体捌き……相手と一体となってそのパワーを伝える。衰えていく自分の体と付き合い錬磨し、朝稽古での仲間との出会いをこれからも楽しんでいきたいと思います。

（公財）合気会行事記録・国内関係（平成二十九年七月～十一月）

7月

1・2 **新潟合気会夏期講習会**
佐々木貞樹本部道場指導部師範を迎えて、関川中学校で開催された。

2 **創立35周年埼玉県合気道連盟合同講習会**
植芝充央本部道場長を迎え、埼玉県立武道館で開催された。

2 **平成29年度兵庫県少年少女合気道錬成大会・実技指導者講習会**
桂田英路本部道場指導部師範を迎え、兵庫県立武道館第1道場で開催された。

6 **第1回関東学生合気道連盟講習会**
植芝守央道主を講師に迎え、日本武道館で開催された。

8 **第8回岐阜県合気道連盟講習会**
森智洋本部道場指導部師範を迎え、高山ビックアリーナで開催された。

16 **第39回全日本少年少女合気道錬成大会（主催・（公財）日本武道館、（公財）合気会、後援・スポーツ庁、日本武道協議会、主管・（公財）合気会、合気道本部道場）**
日本武道館で開催され、178団体、2491名が参加。本部道場指導部のもと、稽古錬成・演武錬成が行われた。少年武道優良団体には合気道春水道場（神奈川）、流山合気道同好会（千葉）が表彰された。

23 **東京都合気道連盟初心者指導法講習会**
鈴木俊雄本部道場指導部指導員を迎えて、東京武道館で開催された。

24～8/2 **本部道場暑中稽古**
植芝守央道主をはじめ本部道場指導部各師範のもと、多数の会員が稽古に励んだ。皆勤者には皆勤賞と記念品が贈られた。

29・30 **平成29年度愛知県（名古屋市）地域指導者研修会**
愛知県武道館で開催され、中央講師として宮本鶴蔵本部道場指導部師範、地元講師として和田昭師範、澤田俊晴師範が講習を行った。

8月

4 **第16回全国高等学校合気道演武大会（主催・全国高等学校合気道連盟、後援・スポーツ庁、東京都教育委員会、（公財）合気会、全日本合気道連盟、一般財団法人滝井記念財団）**
東京武道館で開催され、44校・約500名が参加。第1部は参加各校による演武の後、植芝充央本部道場長の模範演武が行われ、第2部は藤巻宏本部道場指導部師範を講師に迎え、講習会が行われた。

6 **関西学生合気道連盟前期研鑽会**
大阪市立修道館で開催され、桂田英路本部道場指導部師範が派遣された。

16・17 **平成29年度学校合気道実技指導者講習会（主催・スポーツ庁、（公財）合気会）**
日本武道館第1・第2小道場（東京都千代田区）で、中学・高校の保健体育科教員及び運動部活動指導者（外部指導者を含む）を対象として開催された。
高橋修一文部科学省スポーツ・青少年局体育参事官付教科調査官、立木幸敏国際武道大学体育学部武道学科教授、前川直也同大学体育学部体育学科准教授、金澤威本部道場指導部師範、鈴木俊雄、日野皓正同部指導員の実技講習が行われた。

22 **平成29年度合気道学校前期修了式**
22日上級課程、26日中級課程、28日初級課程。修了者には学校長より修了証が手渡された。

24 **三井生命保険株式会社新入社員研修**
植芝守央道主が講師を務め、本部道場3階にて、講演と演武を行った。

25～27 **本部道場少年部夏季合宿**
桂田英路本部道場指導部師範、小山雄二、日野皓正、里舘潤同部指導員の引率のもと、神奈川県足柄郡で行われた。

9月

7 **合気道広域合同稽古（主催・東京武道館）**
桂田英路本部道場指導部師範が指導を担当した。

9・10 **長野県合気道研修会40周年・春風館道場開き**
植芝守央道主を招き、同道場にて開催された。

9 **第61回全三菱武道大会**
日本武道館で開催され、合気道は植芝充央本部道場長、高野清二三菱合気道部師範、同部部員らが演武を行った。

16 **品川区合気道交友会創立50周年記念講習会・演武会**
入江嘉信本部道場指導部師範を迎えて、品川区総合体育館で開催された。

16・17 **（公財）合気会茨城支部道場植芝道主特別講習会**
植芝守央道主の指導のもと、（公財）合気会茨城支部道場で開催された。

23・24 **央名会氣守道場夏季合宿**
愛知県蒲郡市民体育センターで行われ、桜井寛幸本部道場指導部師範が指導者として参加した。

24 **葛飾区合気道連盟秋季大会**
菅原繁本部道場指導部師範を迎えて、葛飾区総合スポーツセンター第一部道場で開催された。

24 **第5回京都府合気道連盟講習会**
栗林孝典本部道場指導部師範を迎えて、旧武徳殿で開催された。

29 **東北大学学友会合気道部川内新道場開き**
同道場にて執り行われ、最後に植芝充央本部道場長が奉納演武を行った。

30 **北海道合気道連盟50周年・第28回北海道合気道連盟演武大会**
植芝守央道主を招き、千歳市総合体育館で開催された。

30 **新潟大学合気道部55周年記念演武大会**
松村光本部道場指導部指導員を迎えて、同大学武道場で開催された。

10月

1 **全日本合気道連盟講習会**
植芝充央本部道場長を迎えて、千歳市総合体育館で開催された。

1 **平成29年愛知県合気道連盟講習会**
藤巻宏本部道場指導部師範を迎えて、名古屋市内の日本ガイシホールで開催された。

3 **平成29年度合気道学校後期開校式**
3日上級課程、4日中級課程、2日初級課程がそれぞれ行われた。

7 **第45回中四国学生合気道連盟演武大会**
菅原繁本部道場指導部師範を迎え、広島市青少年センターで開催された。

7 **東京理科大学神楽坂合気道部40周年**
記念稽古を合気道本部道場で日野皓正本部道場指導部指導員が指導、祝賀会は植芝守央道主、大澤勇人本部道場指導部師範を招き、グランドヒル市谷で開催された。

7・8 **第41回新潟合気会主催演武大会**
入江嘉信本部道場指導部師範を迎えて、新潟市鳥屋野総合体育館で講習会・演武大会が開催された。

8 **和歌山大学合気道部創部65周年・女子合気道部40周年記念式典**
植芝充央本部道場長を迎えて、和歌山県立武道館で講習会と演武大会が開催された。

9 **「体育の日」本部道場特別稽古**
午前6時半から7時半まで植芝守央道主による一般稽古、午前7時から8時まで植芝充央本部道場長による初心者稽古が行われた。

9 **「体育の日」公開錬成指導（主催・東京武道館）**
森智洋本部道場指導部師範、里舘潤同部指導員が派遣され、指導を行った。

10～11/2 **新潟県加茂市中学校武道授業**
金澤威本部道場指導部師範、日野皓正、梅津翔両同部指導員が派遣され、加茂市下条体育センターにおいて、合気道、柔道、剣道、空手道、なぎなた、柳生新陰流剣道などから合気道を選択した生徒に武道授業を行った。

14 **第53回関西学生合気道演武大会**
金澤威本部道場指導部師範を迎えて、大阪府吹田市の洗心館で開催された。

14 **港区合気道宇宙の会主催指導者講習会**
入江嘉信本部道場指導部師範を迎え、港区スポーツセンターで開催された。

14・15 **第26回全東北合気道演武大会**
大澤勇人本部道場指導部師範を招いて、青森市スポーツ会館で開催された。

14・15 **岡崎皇道館講習会**
栗林孝典本部道場指導部師範を迎えて、愛知県鳳来町武道館で開催された。

14・15 **平成29年度富山県地域社会武道指導者研修会**
県営富山武道館で開催され、中央講師として藤巻宏本部道場指導部師範、地元講師として吉田幸治七段、河辺政美指導員、中条秀夫指導員が指導を行った。

15 **群馬県合気道連盟講習会**
植芝充央本部道場長を迎えて、高崎アリーナ内武道場で開催された。

15 **合気道唯心館杉野道場創立90周年記念演武大会**
菅原繁本部道場指導部師範を迎えて、川崎市産業振興会館で開催された。

15 **福井県合気道連盟講習会**
入江嘉信本部道場指導部師範を迎えて、越前市武道館で開催された。

21 **第48回中部学生合気道連盟演武大会**
藤巻宏本部道場指導部師範を迎えて、愛知県武道館で開催された。

21・22 **兵庫合気会創立30周年記念演武大会・講習会**
植芝充央本部道場長を迎えて、姫路市総合スポーツ会館柔道場で開催された。

21・22 **平成29年度栃木県地域社会武道指導者研修会**
栃木県体育館で開催され、中央講師として関昭二本部道場指導部師範、地元講師として大谷英男師範、安部寿一師範が指導を行った。

28 **第12回北海道学生合気道連盟演武大会・講習会**
入江嘉信本部道場指導部師範を迎えて、北海道大学内武道場で開催された。

28・29 **平成29年度「植芝盛平翁の故郷を訪ねて」（主催・植芝盛平翁顕彰会）**
28日に和歌山県田辺市立武道館で午後二時から日野皓正本部道場指導部指導員が少年の部の指導を行い、午後三時半から植芝守央道主による特別講習会が行われた。終了後、田辺シティプラザホテルで交流会が開かれた。29日、高山寺で法要が行われ、道主夫妻はじめ参加者が焼香、墓参した。

29 **合気道滋賀創立50周年演武会**
植芝充央本部道場長を迎えて、近江八幡市立安土中学校武道場で開催された。

11月

1 **大阪府合気道連盟第4回少年少女錬成大会**
植芝充央本部道場長を迎えて、吹田市の洗心館で開催された。

5 **合気道研心会・狭山台道場設立20周年記念講習会**
植芝守央道主を招いて、所沢市民武道館で開催された。

5 **名古屋合氣会研修会**
宮本鶴蔵本部道場指導部師範を迎えて、露橋スポーツセンターで開催された。

5 **郡山合気会講習会**
小林幸光本部道場指導部師範を迎えて、日本大学工学部武道場で開催された。

5 **調布市合気会演武大会**
藤巻宏本部道場指導部師範、内田直人同部指導員を迎えて、西調布体育館で開催された。

5 **岐阜一元会講習会**
難波弘之本部道場指導部師範を迎えて、大垣市武道館で開催された。

9 **合気道広域合同稽古（主催・東京武道館）**
伊藤眞本部道場指導部師範が指導を担当した。

11 **城西大学50周年記念講習会、祝賀会**
鈴木俊雄本部道場指導部指導員が講習会を指導。その後、植芝守央道主、横田愛明同指導部師範を迎え祝賀会が催された。

11・12 **平成29年度静岡県地域社会武道指導者研修会**
静岡県武道館で開催され、中央講師として入江嘉信本部道場指導部師範、地元講師として石原克博師範、西井信晴師範が指導を行った。

12 **三重県合気道連盟講習会**
植芝充央本部道場長を迎えて、三重武道館で開催された。

12 **第12回千葉県合気道連盟合気道演武大会**

菅原繁本部道場指導部師範を迎えて、千葉県総合スポーツセンター武道館で開催された。

18・19 **平成29年度埼玉県地域社会武道指導者研修会**

埼玉県立武道館で開催され、中央講師として横田愛明本部道場指導部師範、地元講師として関戸章弘師範、川路昌治師範が指導を行った。

23 **第21回関西地区合気道合同研鑽会**

植芝守央道主、植芝充央本部道場長を迎えて、大阪府豊中市立武道館「ひびき」で開催された。

23 **平成29年度東京都合気道連盟合気道演武大会**

東京武道館で開催され、本部道場からは藤巻宏、森智洋両本部道場指導部師範、鈴木俊雄同部指導員が演武を行った。

25 **第57回全国学生合気道演武大会（主催・全国学生合気道連盟、後援・スポーツ庁、読売新聞社、（公財）日本武道館、日本武道協議会、（公財）合気会、全日本合気道連盟）**

参加校86団体、約560名が参加。植芝充央本部道場長の稽古錬成を挟む2部構成で行われ、最後には植芝守央道主が総合演武を披露した。

（公財）合気会行事予定・国内関係（平成三十年一月～十二月）

1月

12/31～1/1 本部道場越年稽古
4 植芝吉祥丸二代道主御命日
6 本部道場稽古始め
6 （公財）合気会茨城支部道場稽古始め
13 全日本合気道連盟役員会
13 （公財）合気会全国道場・団体連絡会議
13 （公財）合気会新年賀詞交換会
14 本部道場鏡開き式
21 （公財）合気会茨城支部道場鏡開き式
24・25 平成29年度指導者講習会
29～2/7 本部道場寒稽古

2月

11 多摩合気会30周年
17 荒川合気会50周年
平成29年度後期合気道学校修了式
27日上級課程　28日中級課程　3／5日初級課程

3月

20 （公財）合気会理事会
各学生連盟春季講習会

4月

平成29年度合気道学校前期開講式
3日上級課程　4日中級課程　2日初級課程
26 開祖御命日
26 開祖と二代道主を偲ぶ会
29 合気神社大祭（茨城県笠間市）

5月

26 第56回全日本合気道演武大会
（公財）合気会理事会・評議員会

6月

10 江戸川合気会50周年

7月

15 第40回全日本少年少女合気道錬成大会
本部道場暑中稽古

8月

4 第17回全国高等学校合気道演武大会
13～18 本部道場暑中休暇
22 平成29年度合気道学校前期閉校式
22・23 学校合気道実技指導者講習会
本部道場少年部合宿

9月

2 中央区合気会50周年
8 志木合気会30周年
9 柏合気会40周年
15・16 茨城支部道場特別講習会
23 法政大学60周年
30 東大和市合気道会50周年

10月

平成28年度合気道学校後期開校式
2日上級課程　3日中級課程　1日初級課程
13 國學院大学合気道部60周年
27・28 田辺市顕彰事業

11月

10 東京理科大学野田合気道部30周年
17 全国学生合気道連盟演武大会
全国指導者研修会

12月

25 本部道場稽古納め
26 本部道場大掃除
31～1/1 本部道場越年稽古

（公財）合気会行事記録・国外関係（平成二十九年七月～十一月）

7月

6〜11 **ノルウェー合気会創立40周年記念講習会・演武大会**
植芝充央本部道場長を招き、オスロで開催された。

6〜11 **ロシア央心館道場講習会**
栗林孝典本部道場指導部師範が派遣され、サマラで指導を行った。

17〜24 **フランスFFAB夏期講習会**
レスネヴァンで開催され、山田嘉光ニューヨーク合気会師範、入江嘉信本部道場指導部師範ほか、FFAB指導部が指導を担当した。

20〜26 **インドネシア侍道場講習会**
関昭二本部道場指導部師範が派遣され、バリで指導を行った。

21〜28 **オランダCABN講習会**
佐々木貞樹本部道場指導部師範が派遣され、カストリカムで指導を行った。

21〜30 **英国毘嵐会講習会**
伊藤眞本部道場指導部師範が派遣され、ウスターで指導を行った。

30〜8/5 **米国合気道連盟夏季合宿**
大澤勇人本部道場指導部師範が派遣され、山田嘉光ニューヨーク合気会師範らと共に、ニュージャージー州で指導を行った。

8月

12〜18 **ベルギーAFA講習会**
宮本鶴蔵本部道場指導部師範が派遣され、ブリュッセルで指導を行った。

18〜25 **ショウユウカン・アイキカイ・フランス講習会**
関昭二本部道場指導部師範が派遣され、ニースで指導を行った。

18〜27 **英国UKA講習会**
小林幸光本部道場指導部師範が派遣され、バーミンガムで指導を行った。

18〜27 **英国合気道連盟サマースクール**
金澤威本部道場指導部師範が派遣され、金塚稔師範らとチェスター大学で指導を行った。

23〜29 **インドネシア・イキル道場講習会**
入江嘉信本部道場指導部師範が派遣され、ジャカルタで指導を行った。

30〜9/13 **アルゼンチン合気道連合会・ブラジル合気道協会講習会**
関昭二本部道場指導部師範が派遣され、ブエノスアイレス、サンパウロ、フォルタレーザで指導を行った。

31〜9/4 **モンゴル巡回指導**
日野皓正本部道場指導部指導員が派遣され、ウランバートルで指導を行った。

9月

6〜12 **メキシコ・オリンキ会講習会**
藤巻宏本部道場指導部師範が派遣され、メキシコシティで指導を行った。

7〜13 **ドイツDAN講習会**
森智洋本部道場指導部師範が派遣され、カウフボイレンで指導を行った。

7〜14 **ブルガリア至優館道場講習会**
桜井寛幸本部道場指導部師範が派遣され、ソフィア、ヤンボル、スリベンで指導を行った。

7〜12 **シンガポール誠道場・グルカ道場講習会**
伊藤眞本部道場指導部師範が派遣され、指導を行った。

13〜19 **ロシア登竜門会講習会**
金澤威本部道場指導部師範が派遣され、モスクワで指導を行った。

14〜19 **ノルウェー合気道クラブ講習会**
栗林孝典本部道場指導部師範が派遣され、オスロで指導を行った。

15〜17 **ルーマニア合気会合気道連盟創立20周年記念講習会・演武会**
植芝充央本部道場長を招き、クルジュナポカで開催された。

15〜19 **インドネシアIAI講習会**
森智洋本部道場指導部師範が派遣され、ジャカルタで指導を行った。

20〜26 **コンゴ共和国エコール・デ・合気会講習会**
関昭二本部道場指導部師範が派遣され、指導を行った。

21〜26 **ポーランドPAA講習会**
小林幸光本部道場指導部師範が派遣され、ポラニカ・ズドライで指導を行った。

22〜25 **北京合気会講習会**
宮本鶴蔵本部道場指導部師範が派遣され、指導を行った。

27〜10/4 **ブラジル合気道連合講習会**
伊藤眞本部道場指導部師範が派遣され、サンパウロで指導を行った。

10月

5〜11 **ロシア央心館講習会**
栗林孝典本部道場指導部師範が派遣され、アナパで指導を行った。

5〜11 **AAI合気会ポーランド講習会**
桜井寛幸本部道場指導部師範が派遣され、オルシュティンで指導を行った。

9〜16 **イスラエル合気道連盟講習会**
関昭二本部道場指導部師範が派遣され、テルアビブで指導を行った。

11〜21 **アルゼンチン50周年記念講習会**
植芝守央道主を招き、ブエノスアイレスで開催された。

11〜17 **シカゴ中西部合気道センター秋季講習会**
横田愛明本部道場指導部師範が派遣され、指導を行った。

12〜17 **ルーマニア合気会講習会**
小林幸光本部道場指導部師範が派遣され、ブカレストで指導を行った。

17〜24 **米国AWA講習会**
横田愛明本部道場指導部師範が派遣され、シカゴで指導を行った。

18〜25 **リトアニア合気道連盟合気会講習会**
菅原繁本部道場指導部師範が派遣され、ヴィリニウスで指導を行った。

26〜31 **カナダCAF講習会**
大澤勇人本部道場指導部師範が派遣され、ビクトリアで指導を行った。

26〜11/1 **ブルガリアNAU講習会**
小林幸光本部道場指導部師範が派遣され、プロヴディフで指導を行った。

26〜31 **ロシアAAFR（モスクワ州合気道連盟）講習会**

伊藤眞本部道場指導部師範が派遣され、モスクワで指導を行った。

31~11/7 **ギリシャ秋季講習会**

菅原繁本部道場指導部師範が派遣され、アテネとテッサロニキで指導を行った。

11月

2~8 **ベルギー合気会・ルクセンブルク合気会講習会**

栗林孝典本部道場指導部師範が派遣され、ブリュッセルとルクセンブルクで指導を行った。

8~21 **フランス・スペイン講習会**

宮本鶴蔵本部道場指導部師範が派遣され、指導を行った。

8~15 **マレーシア派遣武道代表団（主催・（公財）日本武道館、日本武道協議会）**

小林幸光、桜井寛幸両本部道場指導部師範、松村光同部指導員他3名がジャパンウィークに参加。クアラルンプールで他武道11団体と演武会、体験稽古会を行った。

9 **オランダーAF青少年セミナー**

桂田英路本部道場指導部師範が派遣され、アーネムで開催された。

15~20 **UAE合気会合気道講習会**

伊藤眞本部道場指導部師範が派遣され、ドバイで指導を行った。

16~19 **ロシア極東合気道連盟講習会**

金澤威本部道場指導部師範が派遣され、ウラジオストック市で指導を行った。

17~20 **合気道フィリピンズ講習会**

藤巻宏本部道場指導部師範が派遣され、マニラで指導を行った。

23~29 **フランス・モナコ合気会講習会**

栗林孝典本部道場指導部師範が派遣され各地で指導を行った。

23~28 **ロシアAAFR（モスクワ市合気道連盟）講習会**

入江嘉信本部道場指導部師範が派遣され、モスクワで指導を行った。

29~12/6 **南アフリカ合気道連盟40周年**

植芝充央本部道場長を招き、ケープタウンで開催された。

（公財）合気会行事予定・国外関係（平成三十年一月~六月）

1月

オランダ・スロベニア講習会
ブルガリア講習会
タンザニア巡回指導

2月

イタリア講習会
アイルランド講習会
英国（あざみ会）講習会
ハワイ講習会
フランス講習会
カンボジア巡回指導

3月

ラオス巡回指導
ネパール巡回指導
北京巡回指導
上海巡回指導
ペルー講習会
ベトナム（ホーチミン）巡回指導
ベトナム（ハノイ）巡回指導
ルーマニア講習会
スペイン講習会
英国（JAC）講習会
スリランカ巡回指導
インド巡回指導
ロシア（ソチ）講習会
ロシア（YAAF）講習会
フランス（FFAB）講習会
ハンガリー講習会
ロシア（バシュコルトスタン）講習会
ロシア（バルナウル）講習会
ブルガリア講習会

4月

インドネシア講習会
ロシア（SAAF）講習会
シンガポール（心柔会）講習会
ロシア（AAFR）講習会
ベラルーシ講習会

5月

ブラジル・アルゼンチン講習会
フランス（CSCA）講習会
フランス（FFAAA）講習会
ラトビア講習会
ロシア（ソチ）講習会
ポーランド（AAIP）講習会
ウクライナ講習会

6月

ポーランド（PAF）講習会
モルドバ講習会
リトアニア講習会
カナダ講習会
シンガポール（誠道場）講習会